BRADLEY COOPER

THORSTEN WORTMANN

BRADLEY COOPER

DIE ILLUSTRIERTE BIOGRAFIE

SCHWARZKOPF & SCHWARZKOPF

INHALT

JUGEND IN PHILADELPHIA
SEITE 11

DER WEG NACH HOLLYWOOD
SEITE 23

DIE HOCHZEITS-CRASHER
EIN ERSTER ERFOLG
SEITE 37

HANGOVER
DER GROSSE DURCHBRUCH
SEITE 51

OHNE LIMIT
ES WIRD ERNST
SEITE 65

SILVER LININGS
EINE OSCARREIFE DARBIETUNG
SEITE 85

AMERICAN HUSTLE
MEHR ALS NUR EIN FRAUENSCHWARM
SEITE 103

AMERICAN SNIPER
WIEDER AUF OSCAR-KURS

Es gibt Schauspieler, deren Weg von vornherein bestimmt zu sein scheint und die einfach das Zeug zum großen Star haben, wie etwa Johnny Depp, Leonardo DiCaprio oder Brad Pitt. Andere hingegen brauchen eine gewisse Zeit, um sich aus ihrer Unscheinbarkeit zu befreien, sich ihres Weges klar zu werden und als Schauspieler zu wachsen. So hat beispielsweise Hollywoodstar George Clooney erst mit 35 ersten Erfolg als Filmschauspieler gehabt und stieg daraufhin zum Superstar auf, und der Österreicher Christoph Waltz musste ebenfalls ganze 35 Jahre ausharren, bevor man seine Talente würdigte, ihm eine Rolle in einer Hollywoodproduktion gab und er international endlich die Anerkennung fand, die er schon lange verdient hatte.

So gehört auch der Amerikaner Bradley Cooper zu der besonderen Spezies von Schauspielern, die mehr oder weniger geduldig auf ihre große Chance gewartet und nicht die Flinte ins Korn geschmissen haben, bevor sie ihren großen Moment bekamen. Der smarte, gut aussehende Cooper ist der neue Stern am Hollywoodhimmel, und er ist mit Leib und Seele Schauspieler. Mit seiner Rolle als Phil in der Trashkomödie *Hangover*, einen Film über eine Gruppe Männer auf feuchtfröhlichem Junggesellenabschied in Las Vegas, war er 2009 überraschend weltweit zum Star geworden. Dass der Schauspieler bereits seit über zehn Jahren im Filmbusiness gearbeitet hatte, wussten viele damals nicht. Und nach dem *Hangover*-Klamauk hätte man wohl eher gedacht, dass er in Folge weiterhin auf der Schiene von leicht verdaulicher Hollywoodkost, sprich Popcornkino, fahren würde, was sich mit dem nachfolgenden Actionfilm *Das A-Team – Der Film* auch andeutete. Coopers Weg schien dem von Kollegen wie Ryan Reynolds, Channing Tatum oder Hugh Jackman zu folgen: Gut aussehender Herzensbrecher macht Actionstreifen, Komödien und Liebesfilme fürs Massenpublikum. Damit wollte sich Bradley Cooper aber nicht zufrieden geben.

Zu Beginn seiner Karriere galt der Schauspieler immer als der nette, attraktive Kerl von nebenan, wodurch ihm kantigere Rollen verwehrt blieben. Dann gelang ihm 2005 mit einer Nebenrolle in dem Film *Die Hochzeits-Crasher* ein erster Achtungserfolg, wo er eine eher unsympathische Figur verkörperte. Danach war Cooper in Hollywood als Fiesling-Typ verschrien und spielte sich in Folge durch »alle Farben des Arschloch-Regenbogens«, wie ein Reporter von *Entertainment Weekly* es so schön formulierte. Filmkritiker warfen ihm vor, immer wieder den Stereotyp eines durchschnittlichen amerikanischen Mannes zu verkörpern – in Kakis, mit offenem Hemd, Bartstoppeln und einem gewissen Charme.

Die Möglichkeit, sich und der Welt zu beweisen, dass er auch in der Lage war, andere, kantigere Rollen zu spielen, bot sich ihm erst 2012 mit dem Film *Silver Linings*, in dem er als psychisch gestörter Footballfan zu sehen ist, der sich in eine ebenso gestörte Sexsüchtige (Jennifer Lawrence) verliebt. Diese anspruchsvolle Komödie sollte für den Mann aus Philadelphia den großen Wandel bedeuten – vom Everybody's Darling zum ernst zu nehmenden Charakterdarsteller. Für seine Darbietung in *Silver Linings* wurde Cooper für einen Oscar nominiert, und die

Selfie für die Fans: Bradley Cooper bei der Premiere von Hangover 3 in Los Angeles, Mai 2013

meisten Filmfans staunten nicht schlecht, als der Schauspieler, der den prolligen Phil in *Hangover* gespielt hatte, plötzlich in der Auswahl für den renommiertesten Filmpreis der Welt stand.

»IN WAHRHEIT HABE ICH IMMER DAS PROBLEM, DASS ICH FÜR GEWISSE ROLLEN NICHT GUT GENUG AUSSEHE, FÜR ANDERE WIEDERUM ABER NICHT HÄSSLICH GENUG BIN.«

Dass Cooper zu Beginn sehr große Probleme hatte, seine Schauspielkarriere überhaupt erst in Gang zu bekommen, wissen nur wenige. Heute ist er sich jedoch sicher, dass ihm diese harte Anfangszeit sehr dabei geholfen hat, zu dem Schauspieler zu werden, der er heute ist. »So wie überall versucht man auch bei der Schauspielerei, so viel wie möglich aus dem eigenen Leben einzubringen, damit man selbst die Zeilen, die für einen geschrieben worden sind, auch glauben kann«, sagt Cooper. »Ablehnung auf täglicher Basis, immer wieder, von den Anfängen bis zur heutigen Zeit – das ist etwas, was den Weg eines Schauspielers prägt.«

Dass Cooper von der Öffentlichkeit so anders wahrgenommen wird, als er in Wirklichkeit ist, verwundert nicht nur den Schauspieler selbst, sondern auch seine Kollegen und Wegbegleiter. Regisseur Todd Phillips, der für die *Hangover*-Trilogie verantwortlich ist, sagt: »Es ist schon witzig, wie anders er im wahren Leben ist. Die Leute denken, dass er bloß eine Version von sich spielt, und das könnte nicht weiter von der Wahrheit entfernt sein. Er ist äußerst verwundbar – unsicher ist nicht das richtige Wort – und seine Figur in *Hangover* ist einfach vollkommen selbstsicher. Und Bradley trägt eine Wärme in sich, wie man es sich nicht hätte vorstellen können.«

Sicherlich liegt es an seinem überdurchschnittlich guten Aussehen, dass der Schauspieler Probleme hatte, ernst genommen zu werden. »Er ist schon ungewöhnlich«, sagt *Hangover*-Co-Star Ed Helms über Cooper, »Bradley ist ein höchst intelligentes Wesen im Körper eines heißen Hengstes.« Und Amy Adams, Coopers Co-Star aus *American Hustle*, findet: »Ich habe ihn nie in dieser Rolle als dümmlicher Typ, wie man ihn reihenweise in Verbindungshäusern der amerikanischen Unis findet, gesehen. Ich verstand zwar, wie die Leute diesen Eindruck bekommen konnten. Aber in Wirklichkeit ist er ein sehr gefühlvoller, offener Mensch. Ich denke, die Leute verwechseln Bradleys lässiges Verhalten mit diesem Verbindungshaus-Benehmen.«

Außerdem kann er die Berichte über sein überdurchschnittliches Aussehen überhaupt nicht ernst nehmen, wie er selbst sagt: »So sehe ich das gar nicht. Was meine Beziehung zu dem Business angeht und die Rollen, die ich anstrebe, so basiert gar nichts davon auf meinem Aussehen. Wenn ich mein Shirt jetzt ausziehe, würde mich sicherlich niemand fotografieren wollen *(lacht)*.«

Weiter sagte er: »In Wahrheit habe ich immer das Problem, dass ich für gewisse Rollen nicht gut genug aussehe, für andere wiederum aber nicht hässlich genug bin.«

Mit einer Reihe von bemerkenswerten Filmen wie eben *Silver Linings*, *American Hustle* und auch *American Sniper*, für die

Cooper jeweils für einen Oscar nominiert wurde, hat der Schauspieler sich offenbar von diesem Schönling-Image befreien können. Seitdem gehört er zu den gefragtesten Darstellern in Hollywood, und auch die Medien reißen sich um ihn. Trotz des mittlerweile großen Erfolgs versucht Cooper jedoch, stets auf dem Boden der Tatsachen zu bleiben und nicht abzuheben. Das Wichtigste sei ihm seine Familie, sagt er, der Ruhm und die mediale Aufmerksamkeit ist absolut zweitrangig.

Über Coopers Privatleben wird in den Medien ausgiebig spekuliert – jeden Tag aufs Neue gibt es Meldungen, mit welcher Hollywoodschauspielerin er angeblich wieder zusammen sein soll. Cooper schweigt beharrlich zu seinen Beziehungen und sagt dazu nur: »Ich werde das niemals kommentieren, egal was man über mich schreibt. Manches muss man einfach für sich behalten. Ich rede gern über meine persönliche Vergangenheit, meine Familie und andere Sachen, aber es gibt keinen Grund für mich, über andere Leute zu sprechen.«

Trotz des Rummels um seine Person genießt Cooper bewusst das Leben in der Filmbranche und alles, was dazugehört. »Ich liebe es«, sagte er. »Ich habe immer davon geträumt, im selben Raum mit Schauspielern wie Daniel Day-Lewis und Robert De Niro zu sein, also warum sollte ich mich darüber jetzt beklagen? Seit meiner Kindheit stelle ich mir nichts anderes vor, als ein Teil dieser Welt zu sein, und wenn ich dann tatsächlich mit meinen Helden zusammen sein darf, Schande über mein Haupt, wenn ich mich darüber beklage, dass ich ein Interview auf dem roten Teppich geben muss! ... Auch wenn es verdammt anstrengend ist.«

Zu seinen Vorbildern zählen Hollywoodgrößen wie Anthony Hopkins, John Hurt sowie Robert De Niro und vor allem Daniel Day-Lewis. »Für mich gibt es drei Arten von Schauspielern: Der erste ist ein hochbegabter Techniker, der eine Performance sozusagen handwerklich gestaltet; der zweite schafft eine so direkte Verbindung zwischen Augen, Mund und Seele, dass das Ergebnis einfach fesselnd ist; und der dritte schafft es, diese beiden Eigenschaften zu verbinden. Daniel Day-Lewis kann dies und schafft diese überlebensgroßen Figuren, die überhaupt nicht abgehoben wirken. Das können nicht viele.«

Für Bradley ist es überaus wichtig, von seinen Vorbildern zu lernen und, wenn möglich, mit ihnen zusammenzuarbeiten, um sich selbst als Schauspieler weiterzuentwickeln. »Ich versuche einfach, die Rollen zu bekommen, die ich spielen will. Das Einzige, was mir wichtig ist, ist die Zusammenarbeit mit Regisseuren und Schauspielern, die ich liebe.« Und diese Liebe hat ihn bisher weit kommen lassen. Dies ist die Geschichte seines bisherigen Wegs, die Geschichte von Bradley Cooper.

KAPITEL 1

JUGEND IN PHILADELPHIA

Italiener gelten allgemein als lebensfrohe Menschen, denen das Wohl ihrer Familie besonders am Herzen liegt und die die kleinen Dinge im Leben zu schätzen wissen. Iren hingegen gelten als Kämpfer, die ihren Weg gehen, egal welche Hürden sie überwinden müssen. All diese Eigenschaften findet man bei Bradley Cooper, der am 5. Januar 1975 in Philadelphia als Sohn einer italienischstämmigen Mutter und eines Vaters mit irischen Wurzeln geboren wurde.

Ein wenig Unklarheit herrscht darüber, wo genau der junge Bradley aufgewachsen ist – in Jenkintown oder Abington, beides Vororte nordöstlich von Philadelphia. Sicher ist, dass seine Eltern Charles und Gloria ein kleines Haus in der idyllischen Rydal Road besaßen, die in Jenkintown beginnt und in Abington aufhört – die Grenze der beiden Vororte verläuft genau durch diese Straße. Laut Karte liegt das Haus, in dem die Coopers gewohnt haben, definitiv auf der Abingtoner Seite, aber laut der Adresse auf dem Geodatendienst Google Maps gehört es zu Jenkintown. Jedenfalls sagt Bradley Cooper, wenn er über seine Heimat spricht, ganz einfach »Rydal«.

»ICH VERSPÜRE EINE GROSSE MENGE STOLZ, DASS MEINE FAMILIENWURZELN IN PHILLY LIEGEN.«

Philadelphia – oder auch Philly, wie die Stadt gern bezeichnet wird – gilt als weltoffene, multikulturelle Arbeiterstadt. Seit dem 19. Jahrhundert hatten sich hier viele europäische Immigranten niedergelassen, zum größten Teil aus Irland, Italien, Deutschland und Polen. So entstand über Jahrzehnte ein buntes Gemisch an Bewohnern, die ihre kulturellen Wurzeln mit jeder neuen Generation weitergaben. Cooper war schon immer stolz auf seine Herkunft, wie er im Interview mit CBS News sagte: »Philadelphia ist eine sehr eigenwillige Stadt. Ich verspüre eine große Menge Stolz, dass meine Familienwurzeln in Philly liegen.«

Bradleys Familie hielt schon immer sehr stark zusammen, was sich natürlich auch auf ihn und seine sechs Jahre ältere Schwester Holly übertrug. Im Gespräch mit der *FAZ* sprach Cooper darüber, wie das Familienleben ihn geprägt hat. »Herkunft macht den Menschen aus: seine Moral, sein Verhalten«, so Cooper. »Ich komme aus einer sehr warmherzigen, eng aufeinander bezogenen Familie und bin stolz darauf, wie meine Eltern mich erzogen haben.«

Bradleys Vorfahren stammen alle aus der Arbeiterklasse, und wer einmal in die Arbeiterklasse hineingeboren ist, kommt nur schwer heraus. Wenn in Coopers Gegend beispielsweise jemand als Polizist oder Feuerwehrmann, Fließbandarbeiter oder Handwerker arbeitete, nahmen die Kinder gewöhnlich diese Berufe auch an. Viele aus Bradleys Verwandtschaft wohnten in Philly jedoch in einer unschönen Gegend mit hoher Kriminalität, und so verspürten laut Cooper einige Familienmitglieder schon früh den Drang, diesem Umfeld entfliehen zu wollen. »Meine Vorfahren waren alle klassische Arbeiter, die einfach nur aus ihrem Viertel raus wollten«, verriet Cooper gegenüber der britischen Zeitung *The Telegraph*. Sein Vater Charles war einer der wenigen in der Familie Cooper, die den Weg aus der

Arbeiterklasse heraus schafften. Mit eisernem Willen verfolgte Charles Cooper das Ziel, seiner Familie eines Tages etwas Besseres bieten zu können. »Mein Dad war der Erste aus seiner Gegend, der zum College ging«, so Cooper in der Zeitschrift *GQ*. »Er lebte den amerikanischen Traum.« Coopers Vater hatte als Jugendlicher das ein oder andere Mal um sein Leben fürchten müssen und nicht gewollt, dass seine Kinder auch so etwas durchmachen müssen. »Er musste ein Messer mit sich tragen, wenn er zur Schule ging, deshalb wollte er nichts wie raus aus dem Viertel und Geld verdienen«, sagte der Schauspieler.

Blondschopf: Als Kind hatte Bradley Cooper als Einziger aus seiner Familie hellblonde Haare

Mit eisernem Willen und Fleiß schaffte Charles seinen Collegeabschluss und wurde Börsenmakler – ein Job, bei dem er gutes Geld verdiente. Nachdem er und Gloria geheiratet hatten, verwirklichten sie ihren Traum und kauften sich ein eigenes Zuhause in einer besseren Gegend, in jener besagten Rydal Road in Jenkintown/Abington. Während Gloria Hausfrau blieb und sich um die Kinder kümmerte, arbeitete Charles viel im Büro, um es sich und seiner Familie gut gehen zu lassen. »Mein Dad schuftete das ganze Jahr lang wie ein Verrückter, damit wir zum College gehen konnten, in einer feineren Gegend aufwuchsen und er sich ein Auto leisten und sich somit gut fühlen konnte«, so Cooper gegenüber *Philly.com*. Es war sicherlich der italienische Einfluss der Mutter, der dafür sorgte, dass bei den Coopers das leibliche Wohl einen besonderen Stellenwert hatte. Im Interview mit *Hemisphere* verriet Bradley: »Wir sind halb italienisch. Ich wuchs in einem Haus auf, in dem die erste Frage des Tages lautete: ›Was essen wir zum Frühstück?‹ Und wenn wir mit dem Frühstück fertig waren, hieß es: ›Was machen wir zum Mittagessen?‹, und dann: ›Was gibt's zum Abendessen?‹ Und dann kümmerte man sich um die Essenplanung für den nächsten Tag.«

Die Familie Cooper legte immer sehr viel Wert auf Zusammenhalt, und so verbrachte Bradley oft Zeit mit der Familie und den Verwandten. Im Interview mit NBC Philadelphia sagte er: »Wir hatten viel mit der Verwandtschaft seitens meiner Mutter zu tun. Als Kind spielte ich sehr viel mit meinen Cousins.« Mit seiner Schwester Holly verstand er sich zwar gut, wie er gegenüber *Boston.com* sagte, allerdings standen die beiden sich laut Cooper als Kinder nicht besonders nahe. Dies sollte sich im Erwachsenenalter ändern – heute unterstützt Holly ihren Bruder, wo sie nur kann, und kümmert sich um dessen offizielle Facebook-Seite.

Ärger war Bradleys zweiter Vorname: »Mit zwölf fing ich an, eine Menge Scheiße zu bauen«, so Cooper

Bradley genoss also zunächst eine unbeschwerte Jugend und war ein freundlicher Junge, der vor allem durch seine gepflegten Manieren auffiel. Der Junge wurde in einem streng katholischen Haushalt großgezogen, was sein Wesen auch sehr stark prägte. Sein Vater hatte immer einen besonderen Spitznamen für seinen Sohn, wie Bradley im Interview mit *GQ* verriet: »Mein Vater nannte mich immer ›Two Shoes‹, weil ich immer der ›Goody Two-Shoes‹ war, also der absolute Gutmensch.« Charles und Gloria ließen ihren Kindern genügend Freiraum, sich zu entwickeln. Die starke Arbeitsmoral und der Wille, seinen eigenen Weg gehen zu wollen, wurde Bradley nicht eingebläut, sondern eher vorgelebt. »Sei du selbst – das ist das größte Geschenk, das ich von meinen Eltern bekommen habe«, sagte er im Interview mit dem *People Magazine*. »Ich wurde nie in irgendeine Richtung gedrängt. Ich bekam all diese Möglichkeiten, hatte aber nie das Gefühl: ›Oh Gott, meine Eltern erwarten, dass ich sie stolz mache.‹ Den Druck, den ich verspüre, habe ich mir mein bisheriges Leben immer selbst auferlegt. Alles, was ich gemacht habe, habe ich immer selbst beurteilt.«

Als Kind hatte der kleine Bradley hellblonde Haare wie ein Engel – und fiel damit innerhalb seiner Familie auf wie ein bunter Hund. »Äußerlich fühlte ich mich immer als schwarzes Schaf«, so Cooper in der *FAZ*. »Ich war der Einzige in der Familie, der keine braunen Augen und schwarzen Locken hatte. Ich wollte sein wie meine Cousins. Erst ab einem gewissen Alter konnte ich das annehmen.«

Als Kind interessierte er sich auch nicht für die Dinge, die Jungs in diesem Alter normalerweise tun: Basketball oder Football spielen oder sich beim Raufen mit anderen messen. Er ging lieber zum Cellounterricht oder verbrachte viel Zeit vor dem Fernseher. »Ich wuchs in einer Familie auf, die wie besessen von Preisverleihungen war«, sagte er in der englischen Fernsehsendung *Daybreak*. »Damals gab es ja nur die Golden Globes und die Oscars, im Gegensatz zu heute, wo jede Woche irgendein Award in den USA verliehen wird. Aber ich liebte einfach diesen ganzen Prunk, der damit zusammenhing. Wir standen sogar alle in der Früh auf, um zu sehen, wie die Nominierungen verkündet wurden, so besessen waren wir.«

Besondere Gefühle empfand er auch gegenüber einer bestimmten Schauspielerin. Seine erste große Liebe, wie er sagte, war Linda Evans, der Star aus der 80er-Jahre-Seifenoper *Der Denver Clan*. »Ich weiß noch, wie ich abends im Bett meiner Eltern lag, die Serie sah und dachte: Wow, wer ist diese Frau in dem Kleid mit dem gewagten Ausschnitt?«

Jene Sportbesessenheit, die einen typischen amerikanischen Jungen ausmacht, fehlte dem jungen Bradley. Im Interview mit der *GQ UK* sagte Cooper: »Ich mochte Sport, hatte aber nie wirklich das nötige Selbstbewusstsein. Ich konnte mich gut bewegen, und die Sachen fielen mir immer sehr leicht, aber ich hatte nicht das passende Selbstbewusstsein zu der körperlichen Veranlagung. Beim Basketball versuchte ich immer, mich so zu verstecken, dass man mir bloß keinen Ball zuwerfen konnte. Erst nach dem College nahm ich die Gelegenheit wahr und wurde zum Sportler.«

Als man ihn fragte, woher diese Unsicherheit stamme, sagte er: »Das ist eine gute Frage. Vielleicht lag es daran, dass ich nicht so aussah, wie alle anderen in meiner Familie … Als Kind sah ich hübsch aus, und ich kam mir nie wirklich männlich vor, womit ich jahrelang zu kämpfen hatte. Ich wuchs nicht mit Raufen und Kämpfen auf. Meine Onkel und Cousins waren alle Cops oder Feuerwehrmänner, während ich zum Cellounterricht ging.«

Interessanterweise hatte es in der Familie Cooper bis dahin keinerlei Verbindungen zu den Künsten gegeben. »Keiner von uns hatte je etwas mit Theater oder Schauspielerei zu tun gehabt«, verriet Bradley gegenüber dem *Telegraph*. »Meine Eltern hatten eigentlich gewollt, dass ich später irgendwas mit Finanzen machen würde.« Eine Verbindung zum Film

»MEINE ONKEL UND COUSINS WAREN ALLE COPS ODER FEUERWEHRMÄNNER, WÄHREND ICH ZUM CELLOUNTERRICHT GING.«

gab es jedoch: Vater Charles war ein überaus großer Filmfan, und diese Begeisterung übertrug sich auf dessen Sohn schon in jungem Alter. »Dad sprach immer von all diesen Filmen, und als ich alt genug war, um sie würdigen zu können, fing er an, sie mir zu zeigen«, sagte Cooper im *Esquire*. »*Die Einsamkeit des Langstreckenläufers* war einer der ersten Filme, die er mir zeigte.« Im Interview mit der *GQ* ging er näher darauf ein, welche Filme ihn in seiner Jugend besonders geprägt hatten. »Wenn ich zurückdenke, kommen mir *Apocalypse Now*, *Die durch die Hölle gehen*, *Der Elefantenmensch*, *Fahrraddiebe* oder *Hiroshima, mon amour* in den Sinn – diese Filme waren ausschlaggebend dafür, dass ich Schauspieler werden wollte. Gleichzeitig waren auch Komödien mit Richard Pryor ein großer Einfluss, beispielsweise *Der Spielgefährte*, *Zum Teufel mit den Kohlen* oder *Zwei wahnsinnig starke Typen* … Allerdings habe ich erst später bemerkt, wie sehr diese Komödien mich beeinflusst haben.«

Praktischerweise wohnten die Coopers unweit eines Kinos, was für den jungen Bradley wie eine Art zweites Zuhause wurde. »Auf der anderen Straßenseite gegenüber von unserem Haus lag

Foto aus Bradley Coopers Highschool-Jahrbuch

das Baederwood Shopping Center, wo es ein Kino gab«, so Cooper im Interview mit NBC Philadelphia. »Als Jugendlicher wohnte ich sozusagen im Eric-Baederwood-Kino. Ich liebte es, was Filme emotional in mir auslösten, obwohl damals in meinem Bekanntenkreis Gefühle als Schwäche betrachtet wurden.«

Egal, was andere von ihm dachten – der junge Bradley hatte offenbar seine Berufung gefunden. Gegenüber *PhillyRecord.com* sagte er: »Ich wollte einfach in dieser Filmwelt sein, sie für mich selbst erschaffen. Ich bin definitiv ein Opfer der Magie von Filmen geworden. Noch heute, wenn ich ins Kino gehe, fühle ich mich wie damals mit zehn. Ich liebe es, wenn die Lichter ausgehen und der Film anfängt.«

Schon damals formte sich also bei dem kleinen Jungen der Wunsch, Schauspieler zu werden, und dies wollte der kleine Bradley seine Umgebung auch wissen lassen, wie er gegenüber CBS News verriet: »Die Leute in meinem Bekanntenkreis hielten es immer für einen Witz, dass dieser kleine Junge sagte, dass er Schauspieler werden will. Aber ich ging meinen Weg. Ich sagte: ›Das will ich werden!‹, und ich ließ nicht von der Idee ab.«

Offenbar hatte die magische Welt des Films dem Jungen ein größeres Selbstbewusstsein geschenkt, sie brachte den schüchternen Bradley aus der Deckung. Cooper selbst nennt einen bestimmten Film, den er mit elf Jahren sah, als Auslöser dafür: *Der Elefantenmensch* von Kultregisseur David Lynch. In dem Film aus dem Jahr 1980 geht es um den von einer Krankheit im Gesicht entstellten John Merrick (gespielt von John Hurt), der aufgrund seines Aussehens als Elefantenmensch bezeichnet und auf Jahrmärkten als Attraktion gezeigt wird. Der Arzt Frederick Treves (Anthony Hopkins) befreit Merrick aus dieser demütigenden Umgebung und will ihn in die Gesellschaft eingliedern, jedoch wird dieser weiterhin als Monster betrachtet und von den Menschen verhöhnt. Der Film basiert auf der wahren Geschichte des Engländers John Merrick, der Ende des 19. Jahrhunderts in London lebte.

Im Interview mit der *New York Times* sagte Cooper über den Film: »Lynch hatte zusammen mit John Hurt eine Figur geschaffen, die irgendwie unschuldig war, wundervoll und einfach nur gütig, und seine missliche Lage nahm mich als Junge einfach völlig mit.«

Vor allem die Szene, in der Anthony Hopkins' Figur Treves den entstellten John Merrick genauer betrachtet und das Menschliche in ihm sieht, war für Cooper ein Aha-Moment. »Als ich sah, wie Treves Merrick musterte, dachte ich nur: ›Das will ich auch machen!‹ Es fühlte sich fantastisch an zu wissen, was ich machen wollte.« Mit dem Elefantenmenschen konnte der junge Bradley sich sehr gut identifizieren, wie er sagte: »Ich hatte das Gefühl, dass Merrick und ich uns so ähnlich waren – wie wir beide mit unserem Aussehen haderten.« David Lynchs Film hinterließ so einen prägenden Eindruck bei Cooper, dass er dieses Werk später sogar zum Thema seiner Abschlussarbeit an der Schauspielschule machen sollte.

Gepackt vom Filmfieber, fing der junge Bradley an, sich mehr und mehr mit der Schauspielerei zu beschäftigen. In seiner Freizeit schlüpfte er immer wieder in verschiedenste Rollen und versuchte, Szenen aus bestimmten Filmen nachzuspielen oder beispielsweise Gesichtsausdrücke oder Gehweisen bestimmter Filmfiguren zu üben, bis er sie perfekt nachahmen konnte. Cooper sagte: »Als Kind spielte ich oft Prügeleien nach, wobei ich vor allem die Soundeffekte ziemlich gut nachmachen konnte. Das gab mir die Hoffnung, dass ich in der Branche vielleicht Erfolg haben könnte.«

Hinter dem Grundstück der Coopers verlief eine Bahnstrecke, die der junge Bradley oft als Übungsplatz auswählte. »Wenn ich aus dem Haus ging, lief ich meistens ein Stück auf den Bahnschienen entlang, was meine Mutter natürlich hasste, weil sie es für zu gefährlich hielt«, so Cooper gegenüber CBS News. »Ich ahmte Filme wie *Platoon* oder *Stand By Me – Das Geheimnis eines Sommers* nach vor allem bei *Stand By Me* spielten Bahngleise eine große Rolle, wie die Kids diese entlangliefen. Und so taten ich und meine Freunde so, als würden wir in *Stand By Me* mitspielen.«

Nach den ersten vier Schuljahren auf der öffentlichen Rydal Elementary School wechselte Bradley Cooper im Alter von elf Jahren auf die Germantown Academy, eine Privatschule für eher besser betuchte Sprösslinge im Norden von Philadelphia. Dort lernte er Brian Klugman kennen, ebenfalls ein Filmfreak, mit dem er sich schnell anfreundete und der heute ein gefragter Drehbuchautor und Regisseur ist. Auf seinen alten Freund Brian angesprochen, sagte Cooper witzelnd: »Wir lernten uns kennen, als ich in der fünften Klasse auf seine, ähm, Schule für Reiche wechselte ... wo er und all seine reichen Freunde hingingen.«

Für Bradley war dies kein leichter Wechsel, da er und seine Familie im Vergleich zu vielen seiner neuen Mitschüler immer noch auf recht bescheidene Weise lebten. »Als ich auf die Privatschule wechselte, wurde ich viel gehänselt«, erinnerte er sich. »Kids können echt grausam sein.« Cooper erinnert sich auch, dass er sich für das bescheidene Zuhause seiner Eltern schämte, was sein Selbstwertgefühl noch weiter schwächte. »Eigentlich klingt das wie keine große Sache, aber damals machte mir das sehr zu schaffen.«

Dass er keine coolen Klamotten trug, machte das Ganze noch schlimmer, wie Cooper im Interview mit *Philly.com* erzählte: »Ich hatte andere Klamotten als die anderen, und man machte sich über mich lustig. Das war ein hartes Jahr. Ich kann mich noch genau daran erinnern.«

Besonders mit seinem nicht gerade männlichen Aussehen haderte der junge Bradley eine lange Zeit. Zu der Unzufriedenheit mit seinem Äußeren kam noch, dass er als Kind mehrmals wegen einer Geschwulst am Ohr operiert werden musste. Diese Eingriffe sorgten dafür, dass Bradley noch heute Probleme mit seinem Gehör hat, da er in einem Ohr ein Loch im Trommelfell hat. Mit 15 kam noch ein Unfall in seinem Elternhaus hinzu, als er stolperte und eine Stehlampe umriss. Bei dem Sturz landete er so unglücklich auf der Lampe, dass er eine klaffende Schnittwunde im Gesicht hatte und im Krankenhaus behandelt werden musste – die Narbe sieht man heute noch.

Auf der Germantown Academy gehörte Bradley also nicht unbedingt zu den angesagtesten Typen, hatte mit Brian Klugman und einigen anderen Jungs schnell aber einen recht stabilen Freundeskreis gefunden. »Wir hingen zusammen ab und schauten uns ständig Filme an«, so Cooper gegenüber *Philly.com*, »auch Alvin Williams gehörte dazu.« Williams wurde später Basketballprofi und spielte für die Toronto Raptors, Portland Trail Blazers und Los Angeles Clippers.

»ICH HATTE ANDERE KLAMOTTEN ALS DIE ANDEREN, UND MAN MACHTE SICH ÜBER MICH LUSTIG.«

Coopers Erfahrungen mit dem weiblichen Geschlecht hielten sich ebenfalls noch in Grenzen, wie er gegenüber dem *People Magazine* zugab: Seinen ersten Kuss bekam er in der siebten Klasse von einem Mädchen namens Caitlin – allerdings bloß im Rahmen des Spiels Flaschendrehen bei einem Kindergeburtstag.

Was seine Liebe zur Schauspielerei betraf, hatte Bradley schon in der Rydal Elementary School erste Schritte als Darsteller gewagt. So hatte er in einer Schulaufführung von Jules Vernes berühmtem Romanklassiker *Reise um die Erde in 80 Tagen* die Rolle des übereifrigen Detektivs Mister Fix gespielt, eine Erfahrung, die sich laut Cooper »wie auf Ecstasy« anfühlte. Dieser erste Ausflug auf die Theaterbühne sollte jedoch für längere Zeit der einzige bleiben, da Bradleys jugendliche Unsicherheit so stark wurde, dass er sich nicht mehr traute, vor Publikum aufzutreten. »Auf der Germantown Academy spielte ich kein Theater – wahrscheinlich nur aus Angst«, so Cooper. Im Gespräch mit dem *Phillymag* führte er dies ein wenig genauer aus. »Ich bezweifle, dass ich dort überhaupt einen Schritt auf die Bühne gewagt habe«, sagte er. »Ich hatte so sehr Angst davor, vor Leuten zu sprechen. Okay, in der Oberstufe gab es immer verschiedene kleine Aufführungen, an denen ich teilnehmen musste, und ich weiß noch, dass ich damals starke Schlafstörungen hatte, weil ich immer dachte: Ich werde nicht darum herumkommen!«

Auch wenn Bradley nicht zu den coolen Typen der Schule gehörte, war er laut Brian Klugman schon damals etwas Besonderes. Vor allem mit seinen Kochküns-

ten, die stark von Mutter Gloria geprägt waren, konnte er seine Freunde mächtig beeindrucken, wie Klugman gegenüber *Entertainment Weekly* sagte: »Ich weiß noch, wie ich immer bei ihm zu Hause war und er etwas Fantastisches kochte. Ich hingegen setzte, wenn ich versuchte, dies nachzukochen, immer unser Haus in Brand.« Bradley sagte dazu: »Mit Stolz nahm ich immer alles, was ich im Kühlschrank finden konnte, und machte daraus eine Lasagne.«

Im Teenageralter machte der junge Bradley eine starke Veränderung durch, was offenbar mit dem fehlenden Selbstbewusstsein zu tun hatte. Vom unsicheren, liebenswürdigen Schüler wurde er zu einem aufmüpfigen, Ärger suchenden Problemfall. »Irgendwann fing ich an, mich in schlechten Kreisen wohlzufühlen«, erinnerte er sich im Interview mit der Zeitschrift *Hemisphere*, »und offenbar steigerte sich mein Selbstwertgefühl, indem ich mit älteren Typen abhing und das tat, was diese älteren Kids für cool hielten. Mit zwölf fing ich an, eine Menge Scheiße zu bauen.«

Dazu gehörte auch Alkoholmissbrauch in jungem Alter. In einem Interview zum Film *Hangover* wurde Cooper gefragt, welches der schlimmste Kater war, den er jemals gehabt habe, worauf Bradley antwortete: »Davon gab es eine Menge, aber wahrscheinlich war es mein erster, mit zwölf Jahren. Ich stand morgens auf, ging mit meiner Bettdecke ins Wohnzimmer und legte mich dort aufs Sofa. Dort blieb ich den ganzen Tag liegen und konnte einfach nicht aufstehen.«

Mit 15 erlebte Bradley Cooper einen ersten Tiefpunkt in Sachen Alkoholmissbrauch – er wurde betrunken von der Polizei aufgegabelt. »Oh Mann, was für ein Mist«, erinnerte er sich im Interview mit der *GQ*. »Das bedeutete, dass ich erst mit 17 meinen Führerschein machen durfte – was für eine Spaßbremse in Sachen Mädels! Stell dir vor, all deine Kumpels fahren durch die Gegend und holen ihre Freundinnen von zu Hause ab, und du arme Sau musst darauf warten, dass deine Mommy dich irgendwo hinfährt. Oder du sagst zu einem Mädchen: ›Hey, sollen wir mit dem Zug fahren? Das ist verdammt romantisch!‹«

Trotzdem hatte der junge Bradley Glück und fand damals seine erste richtige große Liebe, die sogar recht lange hielt. »Ich hatte eine Freundin, in die war ich unglaublich verliebt, und wir waren fünf Jahre zusammen«, so Cooper im *People Magazine*. »Und es gab sehr gute Freunde, die mir bis heute wichtig sind. Aber ich war ein Jugendlicher mit Ängsten und Unsicherheiten wie jeder andere auch, jemand, der noch nicht wusste, wer er war – die ganz normale Highschool-Erfahrung. Das kann eine schwierige Zeit im Leben sein, in der emotional eine Menge passiert.«

1993 machte Bradley Cooper schließlich seinen Abschluss an der Highschool. Damals war der Wunsch, Schauspieler zu sein, immer noch sehr groß, jedoch wagte Bradley es weiterhin erst einmal nicht, diesen in Erfüllung gehen zu lassen. Denn damals hatte er das Gefühl, in die Fußstapfen seines Vaters treten und zuerst einmal aufs College gehen zu müssen. Zwar war Cooper nie ein Glanzschüler gewesen, aber dennoch wollte er seinem Vater beweisen, dass er am College bestehen könnte. »Ich habe mich selbst definitiv unter enormen Druck gesetzt in dem Wissen, dass mein Vater im Grunde die Verkörperung des amerikanischen Traumes ist«, verriet er gegenüber CBS News. »Also musste ich einfach ans College gehen. ... Das war eine große Sache. Und es sorgte sogar für einen starken Bund zwischen mir und meinem Vater. Was er mir wirklich eingebläut hat, war der Glaube an mich selbst.«

Bradley wollte zur renommierten Georgetown University nach Washington D.C., allerdings war der Weg dorthin nicht gerade leicht, wie Cooper dem Magazin *Esquire* erzählte. »Ich ging zuerst [zum Villanova College], auf dem auch mein Vater war. Aber dort wollte ich eigentlich gar nicht hin. Ich hatte mich aus der Highschool heraus in Georgetown beworben. Ich weiß noch, wie ich in einer Telefonzelle stand und meinen Dad im Büro anrief, und er sagte: ›Du hast Antwort bekommen, sie haben dich nicht genommen.‹ Das hat mich wirklich umgehauen, eine Welt brach für mich zusammen. Aber dann sagte ich: ›Dad, ich werde es nochmals versuchen.‹ Und er sagte: ›Mach das.‹ Wir nahmen zusammen den Zug von Philly nach [Washington] D.C., und wir trafen uns mit dem stellvertretenden Dekan, einem Geistlichen namens Father Knoth, mit dem wir uns etwa drei Stunden lang unterhielten. Mein Dad und der Pater rauchten und sprachen über ihre irische Herkunft und ihre Jugend. Einen Monat später erhielt ich einen Anruf. ›Bradley, hier ist Father Knoth. Du bist aufgenommen, Junge.‹ Als ich auflegte, musste ich erst mal heulen. Das war eine große Sache.«

So ging Bradley also seinem Studium nach, und zwar in dem Fach Englische Literatur. Der Wunsch, Schauspieler zu werden, schien damit erst einmal in weite Ferne gerückt zu sein. Allerdings sollte der Zufall dafür sorgen, dass Cooper erneut vom Schauspielfieber gepackt wurde, und dieses Mal sogar richtig.

KAPITEL 2

DER WEG NACH HOLLYWOOD

An der Georgetown University entdeckte Bradley Cooper seine Liebe für die Literatur. Damals hatte er viel Zeit mit Lesen verbracht und sich mit vielen Klassikern beschäftigt, unter anderem mit *Romeo und Julia* von Shakespeare oder *Das verlorene Paradies* von John Milton. »Milton – verdammt, der toppte alles«, erinnerte er sich im Interview mit der *GQ*. »Der Typ war 57 oder so, blind und diktierte seiner ihn pflegenden Tochter den Text von *Das verlorene Paradies*. … Dieses Gedicht hat mich einfach umgehauen. Satan? Diese Figur war einfach unglaublich. Ich konnte ihn wahrlich in meinem Mund schmecken, als ich das las. Aus irgendeinem Grund fühlte ich mich überaus stark zu diesem Gedicht hingezogen.« Auch Shakespeares Klassiker *Romeo und Julia* ließ den jungen Englischstudenten nicht los. Im Interview mit *GQ* gab Cooper zu, dass ihm damals, beim Lesen in der Campusbibliothek, die Tränen über die Wangen gerollt seien, so ergreifend fand er das Stück.

Durch die klassischen Stücke wie Shakespeares Werk befasste Cooper sich zunehmend mit dem Theater – ein Interesse, dass ihn wieder ein wenig zurück zur Schauspielerei brachte. Die Aufführung von *Rund um die Welt in 80 Tagen* in der Grundschule war das erste und auch letzte Mal gewesen, dass Bradley in einem Theaterstück mitgespielt hatte. Aber offenbar war es nicht bloß die Angst gewesen, vor Publikum zu sprechen, sondern auch das fehlende Wissen in Sachen Theater. »Ich sage immer, dass Angst der Grund gewesen ist, warum ich nicht eher mit der Schauspielerei begonnen habe«, sagte Cooper gegenüber dem *Telegraph*. »Aber vielleicht hatte es auch damit zu tun, weil ich Theater generell ignorierte – es waren Filme, die in mir die Schauspiellust geweckt hatten. Ich hatte nie ein Theaterstück gesehen, ich hatte keine Ahnung davon, was einen guten Theaterschauspieler ausmacht und was nicht.«

Die Idee, Schauspieler zu werden, spukte auch damals noch in seinem Kopf herum, und offenbar hatte er sich darüber mit seiner damaligen Freundin unterhalten. Diese war es nämlich, die Bradleys Glück auf die Sprünge half und ihn zurück zur Schauspielerei brachte. Ohne sein Wissen meldete sie ihn einfach zu einem Vorsprechen für ein Theaterstück an, das auf dem Campus aufgeführt werden sollte. Nach erstem Zögern ging der junge Student schließlich zu dem Casting und bekam die Rolle, und dieses Projekt machte ihm so viel Spaß, dass er daraufhin in weiteren Stücken mitspielte.

Während dieser Zeit formte sich bei ihm die Idee, die Schauspielerei tatsächlich professionell zu betreiben. Allerdings waren seine Eltern alles andere als begeistert davon, dass ihr Sohn ein Leben als Künstler einschlagen wollte. »Meine Idee, Schauspieler zu werden, machte meinen Eltern gewaltig Angst«, meinte Cooper im *Guardian*. »Mein Dad war der Erste aus seinem Viertel, der zum College gegangen war. Er hatte sich ein schönes Leben erarbeitet. Er war Börsenmakler – und sein Sohn will nun Schauspieler werden?«

Bradley machte seinen Abschluss an der Georgetown University in Englischer Literatur, genauer gesagt mit einer Dissertation über die verschiedenen Verfilmungen des Romans *Lolita* von Vladi-

mir Nabokov. Er war nach wie vor verrückt nach Filmen, und durch die kürzlichen Theaterauftritte hatte er genügend Selbstvertrauen gesammelt, dass er nun bereit war, den Schritt in die Filmwelt zu

»DIE ARBEIT ALS LEHRER IST KEIN WITZ, SIE IST UNGLAUBLICH UMFASSEND.«

wagen. Obwohl sein Vater dagegen war, nahm Bradley einen Kredit in Höhe von 70.000 Dollar auf und schrieb sich beim Actors Drama School Studio ein, einem Schauspielkurs an der New Yorker Pace University. Wie er im Interview mit *GQ* sagte, hätten ihm seine Eltern sicherlich auch angeboten, die Schauspielausbildung für ihn zu bezahlen, aber er wollte das Risiko für diesen außergewöhnlichen und relativ unsicheren Beruf allein tragen. So packte er seine Siebensachen und nahm sich eine kleine Wohnung in New York.

Ihm war bewusst, dass er sich absichern und einen alternativen Berufsweg zurechtlegen musste, falls er mit der Schauspielerei scheitern würde. Dank seines Collegeabschlusses konnte er sich neben der Schauspielkurse auch als Englischlehrer ausprobieren, an verschiedenen Schulen in New York City. »Es gab diese Sache namens ›Learning Through an Expanded Arts Program‹, eine Art Ausbildung während der Ausbildung«, so Cooper im *Esquire*. »Man bekommt einen Lehrplan für ein Semester und wird Lehrer ... an öffentlichen New Yorker Schulen. Ich bekam ungefähr sechs Schulen zugewiesen. Ich nahm also Schauspielunterricht und nahm an Workshops von Ellen Burstyn teil, und ich machte genau, was sie tat, und wendete es im Unterricht bei Sechstklässlern ... in der Bronx oder in Queens an. ... Das war ein Erlebnis, einfach unglaublich. Und was für ein soziologisches Experiment! Das war faszinierend, und es forderte mir alles ab. Am Ende des Tages war ich komplett fertig und musste mich ausruhen. Die Arbeit als Lehrer ist kein Witz, sie ist unglaublich umfassend.«

Natürlich war das Leben in New York alles andere als günstig, und neben der Rückzahlung seines Kredits musste der angehende Schauspieler auch Geld zum Leben haben. So nahm er zusätzlich noch verschiedene Jobs an, unter anderem als Portier im noblen Morgans Hotel in der Madison Avenue. Eines Tages während seiner Arbeit hielt eine Limousine vor dem Hotel, und Bradley machte sich sofort auf den Weg, um die Koffer des ankommenden Gastes aus dem Kofferraum zu holen und ins Hotel zu bringen. Aus dem Wagen stieg ein junger, auffallend gut aussehender Mann in Bradleys Alter, der bereits das geschafft hatte, was Bradley nicht mal zu träumen wagte. Es war Leonardo DiCaprio, der zu jener Zeit gerade mit dem Blockbuster *Titanic* in den Hollywoodolymp aufgestiegen war und dem die ganze Welt zu Füßen lag.

Cooper hätte diese Gelegenheit für sich nutzen und den Hollywoodstar ansprechen können, ob er ihm vielleicht ein paar Tipps geben oder vielleicht zu einer kleinen Komparsenrolle in seinem nächsten Film verhelfen könne. Der junge Portier entschied sich jedoch, das zu tun, was von ihm erwartet wurde – seine Arbeit zu machen und den Star in Ruhe

Der junge Bradley Cooper während der Ausbildung im Actors Studio, New York – hier sieht man ihn im Gespräch mit Hollywoodstar Sean Penn im Rahmen einer Fragestunde

zu lassen. Cooper und DiCaprio teilten sich einen Lift, und der junge Portier brachte das Gepäck des Stars zu dessen Suite. Im Interview mit *GQ* erinnerte sich Cooper an diesen Moment. »Wir standen einen halben Meter voneinander entfernt, aber zwischen uns lagen Welten«, kommentierte er das Zusammentreffen. »Aber ich bin mir sicher, dass er mir Trinkgeld gegeben hat«, fügte er schließlich lachend hinzu.

Nach drei Jahren Ausbildung an der Actors Studio Drama School stand für Cooper 2000 der Abschluss an. Als Gegenstand seiner Prüfung wählte er die Geschichte, die er bereits als Jugendlicher so faszinierend fand und der er sich seitdem verbunden gefühlt hatte: *Der Elefantenmensch*. Freunde und Lehrer fanden die Wahl ungewöhnlich, gar überaus schwierig, und manche rieten ihm sogar davon ab, wie er in der *New York Times* verriet: »Sie sagten: ›Warum machst du nicht was anderes? Warum spielst du nicht die Figur Jim O'Connor in [Tennessee Williams' berühmten Stück] *Die Glasmenagerie*?‹« Aber Cooper ließ sich nicht beirren, er hielt seine Lieblingsgeschichte *Der Elefantenmensch* für das passende Prüfungsthema.

Also begann der angehende Schauspieler mit einer überaus akribischen Prüfungsvorbereitung. Durch seine Arbeit im Morgans Hotel hatte er einiges an Geld angespart, und das benutzte er nun für ein Flugticket nach London, um dem wahren Elefantenmenschen ganz nahe zu kommen. Er besuchte das Krankenhaus, in dem John Merrick im Jahr 1886 von Dr. Treves untersucht worden war, begutachtete den Umhang, den der Elefantenmensch immer getragen hatte, und ließ sich auch die Geburtsurkunde zeigen sowie das Ladengeschäft in der Whitechapel Road, in dessen Schaufenster Merrick als Attraktion präsentiert wurde. Bradley nahm alles, was seiner Abschlussdarbietung an der Schauspielschule zugutekommen könnte, begierig auf und gab letztendlich bei jener Prüfung alles, als ginge es um sein Leben.

»Mein Leben ging in eine bestimmte Richtung, die mir Angst machte, schreckliche Angst«, gestand er in der *New York Times*. »Ich wusste, dass ich über mich hinauswachsen musste, wenn ich jemals das Potenzial, das ich als menschliches Wesen in mir trug, zeigen wollte. Ich verspürte eine große Verantwortung meinen Eltern gegenüber, besonders meinem Vater. Als ich einen Kredit für die Schauspielschule aufnahm, konnte ich sehen, dass er sich tief im Inneren große Sorgen machte. Er glaubte nicht, dass ich das Zeug dazu hatte.«

Dies änderte sich jedoch, als Charles Cooper seinen Sohn bei dessen Abschlussprüfung sah. »[Mein Dad] kam zu meiner Prüfung und sah zu, wie ich den Elefantenmenschen spielte. In seinen Augen konnte ich förmlich sehen, wie ein Licht aufflackerte, nach dem Motto: ›Vielleicht hat mein Sohn doch eine Chance!‹ Es legte bei ihm irgendeinen Schalter um. Das bedeutete mir sehr viel.«

Aber nicht nur Bradleys Vater fiel auf, wie talentiert sein Sohn war. Auch James Lipton, der Dekan der Actors Studio Drama School, war überzeugt davon, dass man von dem jungen aufstrebenden Schauspieler bald mehr sehen würde. Irgendwann während Bradleys Ausbildung hatte Mutter Gloria den Dekan angesprochen und gefragt, wie sich ihr Sohn denn machen würde. Im Interview mit *Vanity Fair* sprach Lipton über diesen Moment. »Ich sagte zu ihr: ›Der Junge wird ganz bestimmt seinen Weg machen.‹ Bis dahin hatte ich diese Prognose noch bei keinem Studenten abgegeben.« Mit dem Actors Studio ist Bradley Cooper heute noch eng verbunden. So zieht er gern seine damaligen Ausbilder zu Rate, wenn er ein Drehbuch angeboten bekommt.

Für den angehenden Schauspieler mit dem überaus guten Aussehen war es nicht schwer, an erste Jobs zu kommen. »Mein erster Job war eine Komparsenrolle in einem Werbespot für Dell Computer – falls man das überhaupt als lukrativen Schauspieljob betrachten kann«, sagte er gegenüber *NBC Philadelphia*.

Schon vor seinem Abschluss hatte er verschiedene Rollenangebote bekommen, darunter ein Pilotfilm, der letztendlich jedoch nicht verwirklicht wurde. In den USA werden häufig Pilotfilme zu möglichen Serien gedreht, um zu testen, ob diese beim Publikum ankommen. Oftmals jedoch kommt es über die Planungsphase nicht hinaus, da die Drehbuchautoren und Regisseure keinen Sender finden, der ihnen das Projekt finanziert.

Bradleys erster wirklich bedeutender Job war eine kleine Nebenrolle in *Sex And The City*, einer der erfolgreichsten Fernsehserien der Jahrtausendwende. Darin geht es um die New Yorker Singlefrau Carrie Bradshaw (Sarah Jessica Parker) und ihre Freundinnen Samantha (Kim Cattrall), Miranda (Cynthia Nixon) und Charlotte (Kristin Davis), die alle mit verschiedensten Männerproblemen fertig werden müssen. In der vierten Folge der zweiten Staffel spielt Bradley einen jungen Schauspielstudenten, den Carrie auf einer Party kennenlernt und mit dem sie anbandeln will.

Für Cooper, der sich damals noch mitten in der Schauspielausbildung befand, war es etwas ganz Besonderes, zum ersten Mal an einer so großen Produktion teilzunehmen und in diese unwirkliche Welt abzutauchen. Noch heute erzählt er gern die Anekdote, wie das Team ihm eine bestimmte Anweisung gab. Vor einer Kussszene mit Sarah Jessica Parker sagte man ihm: »Ohne Zunge!«

In einem Interview mit CBS News ging er genauer auf dieses erste Erlebnis in der Filmwelt ein und sagte: »Wir drehten in der 14th Street um zwei Uhr morgens mit Sarah Jessica Parker. Und das war einfach nur surreal. Aber ich liebte es. Und am nächsten Tag hieß es wieder: Ab in die Schauspielschule.« Einige Jahre später sollten sich Cooper und Parker wieder über den Weg laufen, und zwar in der Komödie *Zum Ausziehen verführt*.

Generell war Cooper anfangs überrascht, wie gut sein Start in die Schauspielbranche verlief. »Als ich mit den ersten Vorsprechen anfing, also professionell als Schauspieler, war mir – ohne Scherz – nicht klar, dass man tatsächlich Jobs bekommen würde«, sagte er im Oktober 2012 gegenüber der Zeitschrift *Canary Wharf*. »Ich weiß noch, wie ich mit Freunden abhing und eine Reihe von Anrufen für Castings bekam, unter anderem auch für *Sex And The City*. Als ich diese Rolle bekam, verspürte ich richtige Angst, weil ich diesen Job nun tatsächlich machen musste. Damals verstand ich noch nicht, wie der Hase lief. Ich trat an die Schauspielerei mit der Überzeugung heran, dass Absagen normal und Zusagen eher außergewöhnlich waren.«

Als Nächstes folgte eine kleine Rolle in dem Fernsehfilm *Wall to Wall Records,* dann endlich winkte die erste Rolle in einer größeren Filmproduktion. »Mein erster Kinofilm nach der Schauspielschule war eine Komödie im Stil der 80er namens *Wet Hot American Summer*«, so Cooper in der *GQ*. In dem Film, der die Abenteuer verschiedener Protagonisten in einem Sommercamp zeigt, spielt Bradley Cooper einen schwulen Camp-Betreuer – in einer Szene sieht man ihn sogar beim Sex mit einem anderen Mann. Der Klamaukfilm wurde damals zum Flop, genießt heute in den USA aber solch großen Kultstatus, dass der Streamingdienst Netflix im Januar 2015 verkündete, eine Miniserie mit acht Folgen und allen ehemaligen Darstellern zu drehen – inklusive Bradley Cooper.

Die Rolle in *Wet Hot American Summer* war nicht unbedingt das, was der junge Schauspieler sich von seiner Schauspielkarriere erhofft hatte. Cooper, der sich eher an anspruchsvollen Filmwerken wie *Apocalypse Now* und *Der Elefantenmensch* orientiert hatte und beruflich auch eher in diese Richtung gehen wollte, hatte zunächst ein paar Bedenken, eine Komödie zu drehen. »Aus irgendeinem Grund glaubte ich nicht, dass ich jemals Leute zum Lachen bringen könnte, so Cooper gegenüber dem *Hollywood Reporter*. Aber während der Arbeit an dem Film erkannte er, dass er mindestens genauso viel Comedypotenzial in sich trug wie seine Co-Stars, was ihm »eine Menge Selbstbewusstsein gab«, wie Cooper sagte.

Trotzdem brauchte der aufstrebende Schauspieler noch ein wenig Geduld,

»ICH TRAT AN DIE SCHAUSPIELEREI MIT DER ÜBERZEUGUNG HERAN, DASS ABSAGEN NORMAL UND ZUSAGEN EHER AUSSERGEWÖHNLICH WAREN.«

bis sich die ersten großen Chancen ergeben sollten. Nach einer kleinen Rolle in der Fernsehserie *The $treet – Wer bietet mehr?* bot sich ihm die Möglichkeit, in der Serie *Treks in the Wild World* mitzuwirken, die auf dem Discovery Channel ausgestrahlt wurde. Dabei handelte es sich

um eine Reise-Doku-Serie, in der verschiedene Protagonisten zu ungewöhnlichen Urlaubsorten auf der Welt reisen und dort über die Kultur und Sehenswürdigkeiten berichten. »Nach der Schauspielschule bekam ich diesen Job als Moderator von *Treks [in the Wild World]*, was einfach unglaublich war«, so Cooper im *Esquire*. »Sie wollten einen Typen, der Erfahrung mit Extremreisen hatte, der aber auch extremes Zartgefühl hatte. Ich hatte zuvor nicht mal Erfahrung im Campen gemacht.«

Bei einem Auftritt in der bekannten amerikanischen Talksendung *The Tonight Show* im November 2012 sprach Cooper genauer über seine Arbeit als TV-Reiseführer. »Wir reisten rund um die Welt – nach Kroatien, zum Prinz-William-Sund in Alaska oder nach Peru. … In Kroatien segelten wir zu den Kornati-Inseln, wo es einen FKK-Strand gab. Ich weiß noch, wie die Crew versuchte, mich dazu zu überreden, diese Tour nackt zu machen. Ich sagte: ›Leute, wisst ihr, ich will Schauspieler werden, und nur für den seltsamen Fall, dass ich irgendwann mal in der *Tonight Show* auftrete‹ – das habe ich natürlich nicht gesagt –, ›gäbe es dann Nacktaufnahmen von mir.‹ Ich sagte Nein und machte in Klamotten den Bericht am FKK-Strand.« Als Kompromiss willigte Bradley ein, am Schluss der Kroatien-Folge doch noch alle Hüllen fallen zu lassen. Diese Aufnahme, in der er seine Kleidung ablegt und im Sonnenuntergang ins Meer springt, wurde sogar auch in jener Ausgabe der *Tonight Show* gezeigt.

Ein weiteres großes Filmprojekt, in dem Bradley eine Nebenrolle ergattern konnte, war der Thriller *Spurwechsel* mit den Hollywoodstars Ben Affleck und Samuel L. Jackson in den Hauptrollen. Allerdings entschieden sich die Filmemacher, Coopers kleinen Part in der Kinofassung nicht zu verwenden. So ist diese Szene nur im Rahmen der Deleted Scenes auf der DVD-Fassung zu finden.

Cooper freute sich über jeden Job, den er an Land ziehen konnte, da er jedes Mal wieder neue Bekanntschaften schloss, Erfahrungen sammeln und sich mit seiner bis dahin geleisteten Arbeit bei anderen Filmemachern empfehlen konnte. Dieses Vorgehen war zwar mühselig, aber Cooper wusste, dass nur stetiges Bemühen sich letztendlich auszahlen würde. So kam es auch im Jahr 2001, als er eine Rolle an Land ziehen konnte, die sich nicht nur finanziell lohnte, sondern die ihm auch international erste Bekanntheit verschaffte.

Die Fernsehproduktion *Alias – Die Agentin* dreht sich um die junge Frau Sydney Bristow, die augenscheinlich ein ganz gewöhnliches Leben als Bankangestellte führt. In Wirklichkeit ist sie jedoch eine Agentin für SD-6, eine Geheimorganisation in Kooperation mit der CIA. Als ihr Verlobter ihr Geheimnis kurz vor der geplanten Hochzeit erfährt, bekommt auch die SD-6 dies mit und lässt Sydneys Verlobten töten, damit niemand Sydneys Geheimnis erfährt. Als Sydney erfährt, wer hinter dem Mord steckt, schwört die junge Agentin Rache, gerät dadurch aber in

»DIE CREW VERSUCHTE MICH ZU ÜBERREDEN, DIESE TOUR NACKT ZU MACHEN. ICH SAGTE NEIN UND MACHTE IN KLAMOTTEN DEN BERICHT AM FKK-STRAND.«

Mit seiner Rolle als Will Tippin in der Serie »Alias – Die Agentin« feierte Cooper seinen ersten großen Erfolg

große Gefahr. Bradley Cooper verkörpert Will Tippin, einen jungen Journalisten und sehr enger Freund Sydneys, der unfreiwillig in die Agentengeschichten hineingezogen wird.

Die Dreharbeiten zu der Serie fanden in Los Angeles statt, und so packte Cooper seine Koffer und zog von der Ost- an die Westküste. »Für *Alias* ging ich nach L. A. und konnte mit der Gage meinen Kredit abbezahlen«, verriet er im Interview mit dem *Esquire*. Außerdem gab er zu, dass sein Dad wieder mal eine große Rolle bei der Entscheidung, diesen Weg zu gehen, gespielt hatte. »Was mich zu diesem Schritt antrieb, war die Tatsache, dass mein Dad in seiner Jugend einen großen Schritt gewagt hatte. Und ich wollte auch einen großen Schritt wagen.«

Auch wenn die Rolle in einer Fernsehserie wieder nicht unbedingt das war, was Cooper sich von seiner Schauspielkarriere erhofft hatte, fand er schnell die nötige Begeisterung für das Projekt. In einem Interview mit der speziell zur Serie veröffentlichten Fanzeitschrift *Alias* sagte Bradley: »Instinktiv wollte ich zum Film, weil das Kino mich als Jugendlicher sehr inspiriert hat. Fernsehen war etwas, worüber ich nie wirklich nachgedacht hatte, aber als mir das Drehbuch von *Alias* über den Weg lief, fand ich es echt großartig. Diese Serie fühlt sich wie ein Film an. Die Autoren sind von absolut hohem Kaliber, genauso wie die Darsteller, und das ist fürs Fernsehen schon ziemlich fantastisch.«

Cooper war nun also in Los Angeles, dem Mekka der Filmwelt, angekommen. Für ihn als Neuankömmling war die Stadt jedoch nicht so glamourös, wie er sich es vorgestellt hatte. »Kurz nachdem ich dort hingezogen war, wollte ich eines Abends in die trendige Sky Bar im Mondrian Hotel, kam aber nicht rein«, sagte Bradley gegenüber dem *US Magazine*. »Niemand beachtete mich. [Ich weiß noch, wie ich] in dieser gemieteten Einzimmerbude saß und völlig deprimiert war. Meine Schwester kam mich dort mal für eine Woche besuchen, und am Ende ihres Besuchs hätte sie sich am liebsten aus dem Fenster gestürzt. L. A. kann echt schrecklich sein!« Um die Einsamkeit zu bekämpfen, schaffte er sich zu jener Zeit zwei Hunde an, Samson und Charlotte, die für ihn zu wichtigen Wegbegleitern wurden.

Für Cooper war *Alias* eine bedeutende Station auf dem Weg nach Hollywood, erstens weil ein Serienjob eine gewisse finanzielle Sicherheit brachte und zweitens weil Bradley eine Menge über die Branche lernen und sich in Hollywood empfehlen konnte. So konnte er neben der Serie noch weitere Projekte an Land ziehen, unter anderem 2002 den Thriller *Unsichtbare Augen* und die Komödie *Bending All the Rules* sowie 2003 die Fernsehproduktion *The Last Cowboy* (mit *Beverly Hills 90210*-Star Jennie Garth) und die Serie *Miss Match* (mit Alicia Silverstone).

Wie zu Beginn seiner Karriere in New York schien Bradley Cooper ebenso in L. A. gleich einen guten Lauf erwischt zu haben. Die Serie *Alias* war auch international sehr erfolgreich und Coopers Rolle bei den Zuschauern sehr beliebt. Aber leider musste der Schauspieler nach dem vielversprechenden Start schnell erkennen, dass ein guter Lauf schneller zu Ende sein kann, als einem lieb ist. Coopers Rolle wurde von den Drehbuchautoren mehr und mehr aus der Serie geschrieben. »Ich stand nur drei Tage in der Woche vor der Kamera«, sagte er, »und bei der zweiten Staffel geriet ich noch weiter ins Abseits. Ich dachte nur: Oje. Und irgendwann hatte ich nur noch das Gefühl, am liebsten vom Erdboden verschluckt zu werden.« Cooper hatte keine weiteren Filmprojekte in Aussicht, und trotz aller anders lautenden Ratschläge von Freunden und Bekannten bat Bradley schließlich Regisseur J. J. Abrams, die Figur Will Tippin aus der Serie zu streichen. Im Interview mit der *GQ* konnte er sich an den ernüchternden Moment noch gut erinnern. »J. J. sagte nur: ›Okay.‹ Wahrscheinlich hätte er mich eh bald gefeuert.«

Gegenüber dem Fanzine *Alias* führte Bradley sein Ende in der Serie noch etwas genauer aus. »Auf diesen Entschluss

»ICH STAND NUR DREI TAGE IN DER WOCHE VOR DER KAMERA, UND BEI DER ZWEITEN STAFFEL GERIET ICH NOCH WEITER INS ABSEITS.«

kamen wir mehr oder weniger gemeinsam«, sagte er. »Keiner wusste so recht, was man mit dieser Figur noch machen könnte, und wir beschlossen, dass es wohl das Beste wäre, wenn man ihm ein nettes Ende bereitet, und das war's dann. Ich sagte: ›Lasst uns ihn in einem großen Gemetzel umbringen‹, und J. J. Abrams sagte: ›Nein, wir lassen alles offen, dann kann er zurückkehren …‹ Das taten wir auch, und so ließ ich mir die Möglichkeit für eine Rückkehr zur Serie.«

Nach 45 Folgen *Alias* war 2003 also Schluss für Bradleys Figur Will Tippin. Für den Schauspieler bedeutete dies, seinen Weg neu auszurichten und sich mehr auf seine Karriere als Filmschauspieler zu konzentrieren. Allerdings wurde er gleich mit einem weiteren Schicksalsschlag konfrontiert: Zwei Wochen, nachdem seine Arbeit an *Alias* beendet war, zog er sich beim Basketballspielen einen Achillessehnenriss zu, was dazu führte, dass er knapp ein Jahr lang nicht richtig laufen, geschweige denn arbeiten konnte. So lag er die meiste Zeit nur auf dem Sofa, sah

fern, schluckte Schmerzmittel und ertränkte seinen Kummer in Alkohol. In jener Zeit verlor er immer mehr den Glauben an sich und seine Karriere. »Irgendwann setzt sich dieser Gedanke fest: Das Business will dich einfach nicht«, sagte er gegenüber *GQ*.

Aber Bradley besann sich – so schnell wollte er nicht das Handtuch werfen. Vor allem wollte er nicht seinem Vater gegenüber erklären müssen, dass er bei der Erfüllung seines Traumes kapituliert hatte. So nahm der Schauspieler nach seiner Genesung weiterhin unermüdlich an Castings teil, und seine Darbietung in *Alias* sollte ihm dabei das ein oder andere Mal zugutekommen.

So bekam er 2004 eine Rolle in dem Fernsehfilm *I Want To Marry Ryan Banks* angeboten, in dem Jason Priestley, bekannt aus der Teenieserie *Beverly Hills 90210*, die Hauptrolle spielte. In dem Film geht es um den ehemaligen Filmstar Ryan Banks (Priestley), dessen Karriere am Boden ist. Nun soll ihm sein bester Kumpel und Manager Todd (Bradley Cooper) bei einem fulminanten Comeback helfen, und zwar mit einer Reality-TV-Show namens *I Want To Marry Ryan Banks*. In der Show soll Banks mit 15 hübschen Kandidatinnen in einem Haus wohnen, und jede Woche wird eine von den Zuschauern aus dem Haus gewählt, bis am Ende eine Siegerin als mögliche Ehefrau für Banks feststeht. Von Anfang an gute Karten hat die junge Charlie (Emma Caulfield, bekannt aus *Buffy – Im Bann der Dämonen*), die nur wegen des Preisgeldes an der Show teilnimmt. Als ihr klar wird, wie sehr die Macher den Verlauf der Serie manipulieren, will sie aus dem Projekt aussteigen. Noch komplizierter wird die ganze Geschichte, als Manager Todd sich in sie verliebt.

Die Komödie erzielte bei ihrer Erstausstrahlung in den USA gute Einschaltquoten und wurde daraufhin unter Filmfreaks zu einem Kultfilm, nicht zuletzt durch die überzeugenden Darbietungen der drei Hauptdarsteller Priestley, Cooper und Caulfield. In einem Interview mit *Entertainment Weekly* sprach Drehbuchautor Chad Hodge darüber, warum er unbedingt Bradley Cooper für die Rolle des Todd haben wollte. »Ich wusste, dass er ein großer Filmstar werden würde – das war ziemlich offensichtlich. Er war so großartig in *Alias*. Sein Stern war gerade am Aufsteigen. Er war meine erste Wahl für diesen Film. Ich fragte: ›Können wir Bradley Cooper bekommen?‹ Ich weiß noch, dass ich eine so fantastische Zeit mit ihm am Set hatte. Er ist der netteste Mensch der Welt. ... In dem Film ist er eine Art Teufel, der versucht, ein normales Date mit einer Frau klarzumachen, aber er kann die Tatsache nicht verbergen, dass er im Grunde Hörner auf dem Kopf hat.«

I Want To Marry Ryan Banks war ein erster beruflicher Lichtblick für Bradley nach dem Ausscheiden aus *Alias*. Mit seiner Darbietung als rücksichtsloser Manager hatte er sich wieder ins Gespräch gebracht, und so konnte er in der Folge wieder mehrere Rollenangebote an Land ziehen. Aber vorher musste er erst noch Ordnung in seinem Privatleben schaffen.

KAPITEL 3

DIE HOCHZEITS-CRASHER

EIN ERSTER ERFOLG

Das Jahr 2004 sollte zu einem Wendepunkt in Bradley Coopers Leben werden. Außer *Alias* hatte der junge Schauspieler noch nicht wirklich etwas erreicht, und obwohl er jede Rolle, die er an Land ziehen konnte, annahm, machte sich mehr und mehr Unzufriedenheit bei ihm breit. Cooper wusste, dass er zu größeren Dingen imstande war, und dies wollte er der Welt – vor allem sich und seinen Eltern – unbedingt beweisen. Damals gab es für ihn keine Kompromisse, er musste Erfolg haben oder aufhören. In einem späteren Interview sagte er: »Je älter ich werde, umso mehr Grau sehe ich. Mit Ende 20 war ich eher der Schwarz-Weiß-Typ. Es gab Richtig, und es gab Falsch, mehr nicht. So zu leben war echt schwierig.«

Der berufliche Stillstand nach *Alias* war für ihn überaus frustrierend, und so führte der selbst auferlegte Druck und sein Kummer zunehmend zum Griff zur Flasche. In L. A. hatte er sich mittlerweile zwar einen Freundeskreis aufgebaut, aber trotzdem fühlte er sich die meiste Zeit allein. Cooper nahm jede Party mit, die er kriegen konnte, und experimentierte zudem mit verschiedenen bewusstseinserweiternden Mitteln herum. Gegenüber dem Fernsehsender CBS sagte er: »Ich sah mir dabei zu, wie ich mich selbst in den Abgrund steuerte, und ich dachte: Wow, ich sabotiere tatsächlich mein ganzes Leben. Ich habe mich gar nicht wahrgenommen, ich war völlig verloren.« Weiter sagte er: »Ich machte mir solch große Gedanken darüber, was die Leute von mir hielten, wie ich rüberkam, wie ich den Tag überstehen konnte. Ich kam mir immer wie ein Außenseiter vor. Ich lebte nur in meinem Kopf. Ich erkannte, dass ich nicht mein volles Potenzial zeigen konnte, und das machte mir gewaltig Angst.«

»ICH TRINKE NICHT MEHR UND HABE AUCH DEN DROGEN ABGESCHWOREN. KLAR ZU SEIN HILFT MIR UNGEMEIN.«

Cooper verlor zunehmend die Kontrolle über sich und den Alkohol. Dies ging sogar so weit, dass er sich selbst verletzte, wie er zugab: »Irgendwann war ich mal auf einer Party, wo ich meinen Kopf auf den Betonboden schlug, einfach so, nach dem Motto: ›Hey, seht mal, wie hart ich bin!‹ Als ich aufstand, lief mir das Blut vom Kopf. Und dann machte ich es noch einmal. Ich verbrachte die Nacht im St. Vincent's Hospital, ich wartete mit einem Eisbeutel am Kopf darauf, dass sie meine Wunde nähten.«

Seine Freunde machten sich Sorgen um ihn und warnten ihn, völlig die Kontrolle zu verlieren, wenn er so weitermachte. »Der eine Teil von mir glaubte das, der andere nicht«, so Cooper. »Aber das Problem war offensichtlich: Ich stand immer auf, wenn die Sonne unterging, und alle guten Vorsätze waren wieder über den Haufen geworfen. Ich weiß noch, wie ich mein Leben betrachtete, mich in meinem Apartment umsah, meine Hunde anschaute und dachte: Was zum Henker geht hier vor?«

Mit 29 schaffte er die Kehrtwende: Er hörte auf, zu trinken und mit Drogen zu experimentieren, ohne Ausnahme. Wie er diesen Schritt durchziehen konnte, wusste er selbst nicht so recht. »Das war ein verdammtes Wunder«, sagte er. »Ich trinke nicht mehr und habe auch den Dro-

Szene aus »Die Hochzeits-Crasher« (2005): Cooper spielt den unsympathischen Sack, der seine geliebte Claire (Rachel McAdams) über alles verteidigt

gen abgeschworen. Klar zu sein hilft mir ungemein.«

Der unerwartete Erfolg des Fernsehfilms *I Want To Marry Ryan Banks* gab Bradley Cooper zusätzlich Auftrieb, und nach Gastauftritten in den Serien *Touching Evil* (2004), *Jack & Bobby* (2005) sowie *Law & Order* (2005) sollte sich Coopers Disziplin und Hartnäckigkeit endlich auszahlen. Er bekam eine Rolle in der Hollywoodkomödie *Die Hochzeits-Crasher* angeboten, einer relativ großen Produktion, bei der namhafte Schauspieler wie Vince Vaughn, Owen Wilson, Christopher Walken, Rachel McAdams und Will Ferrell mitwirkten. In dem Film geht es um die beiden Playboys Jeremy (Vaughn) und John (Wilson), die sich auf Hochzeiten wildfremder Menschen einschleichen, um Single-Frauen abzuschleppen. Als sie zu der Hochzeit einer der Töchter des US-Finanzministers Cleary (Walken) gehen, verliebt sich John ernsthaft in Clearys andere Tochter Claire (McAdams), die allerdings schon mit Sack (Bradley) liiert ist, einem unangenehmen Zeitgenossen, der John das Leben schwer macht.

Bradley hatte großen Spaß daran, diese unsympathische, brutale Figur zu spielen, wie er gegenüber dem *Guardian* verriet:

»Ich liebte es, diese Rolle zu spielen. Das war der erste große Film, bei dem ich mitspielte, und ich durfte mit Vince Vaughn, Owen Wilson und Christopher Walken vor der Kamera stehen. Das war echt irre. Und ich durfte auch noch den bösen Buben spielen.«

Für Bradley war der Film die große Chance, sich aus der misslichen Lage des gestrandeten Seriendarstellers zu befreien, in die er nach *Alias* hineingeraten war. Allerdings musste er sich bei seiner Darbietung vor der Kamera etwas einfallen lassen, um nicht zwischen den großen Hollywoodstars, die in *Die Hochzeits-Crasher* zu sehen waren, unterzugehen. »Ich habe die Figur Sack auf eine andere Ebene befördert«, sagte er im Interview mit *GQ*. »Meiner Meinung nach ist Sack ein Typ, der jemanden umgebracht haben könnte. Aber das alles entstand aus einer gewissen Notwendigkeit heraus, weil ich dachte: Wie kann ich einen heavy Typen gegenüber Vince Vaughn darstellen, der selbst schon so ein stämmiger Kerl ist?«

Als Inspiration für seine Rolle ging Bradley in seine Jugendzeit zurück und nahm sich ein paar Typen aus seiner Schulzeit als Vorbild. »Dafür habe ich mir übrigens einiges anhören müssen«, sagte er im Interview mit dem *Phillymag*. »Irgendwer von meinen alten Schulkameraden sagte: ›Wir haben gelesen, dass du irgendeinen Scheiß über uns erzählt hast.‹ Stimmt genau! Ich war fasziniert von diesen Typen, weil sie so offensichtlich Arschlöcher waren und diese Tatsache auch nicht versteckt haben. Aber seltsamerweise hatten sie eine gewisse Macht, die Regeln des Universums schienen nicht für sie zu gelten. … Ich habe sie nicht wieder getroffen, aber ich habe gehört, dass sie sich alle ganz gut gemacht haben – was mich wirklich ankotzt. Irgendwie hofft man, dass sie eine Halbglatze haben und 140 Kilo wiegen. Kleiner Scherz!«

Bradley war froh, diese Rolle an Land gezogen zu haben, und genoss jede Sekunde am Set. »Ich weiß noch, wie ich beim Dreh einer Szene zusah und dachte: ›Diese Jungs [Vince Vaughn und Owen Wilson] sind Genies.‹ Ich konnte kaum atmen, so sehr habe ich gelacht. Ich war so froh, bei dieser Sache mitwirken zu dürfen.«

Die Hochzeits-Crasher lief am 15. Juli 2005 in den USA an und wurde ein großer Erfolg. Weltweit kamen an den Kinokassen 285 Millionen Dollar zusammen, bei einem Budget von etwa 40 Millionen. In den Filmkritiken wurde vor allem Vaughns und Wilsons Leinwandchemie gelobt, aber auch Bradleys Darbietung als Fiesling fand Beachtung. Seltsamerweise wurde Cooper nach diesem Film anders in der Öffentlichkeit wahrgenommen. In einem Interview in der amerikanischen Fernsehsendung *Inside The Actor's Studio* sprach der Schauspieler über diese Veränderung, die der Film mit sich brachte. »Das ist das Verrückte an dem Business«, sagte er. »Bei *Alias* spielte ich den nettesten Kerl der Welt, und als ich danach für andere Rollen vorsprach, lautete das Feedback meistens: ›Wow, Bradley ist ja so ein netter Typ. Ehrlich gesagt, ist das der Grund, warum ich ihn nicht in dieser Rolle sehe.‹ Und nach *Die Hochzeits-Crasher* hieß es plötzlich: ›Bradley? Ja, der ist ein richtiger Arsch!‹«

Immerhin wusste man in Hollywood nun, wer er war. Durch den Erfolg des Fil-

Cooper mit Sarah Jessica Parker (Mitte) und Matthew McConaughey (rechts) in der Komödie »Zum Ausziehen verführt« (2006)

mes und Coopers bemerkenswerte Darbietung hatte der aufstrebende Schauspieler endlich einen Fuß in die Tür nach Hollywood bekommen, worauf er so lange hingearbeitet und gehofft hatte. Filmemacher und Produzenten hatten den Darsteller nun auf dem Radar, und so mehrten sich die Rollenangebote für ihn merklich.

So konnte Cooper als Nächstes einen größeren Part in der Komödie *Zum Ausziehen verführt* an Land ziehen. In dem Film geht es um den Junggesellen Tripp (Matthew McConaughey), der mit 35 noch bei seinen Eltern wohnt. Um ihren Sohn aus dem Haus zu bekommen, engagieren seine Eltern die quirlige Paula (Sarah Jessica Parker), eine sogenannte »Ausziehhilfe«. Sie soll mit Tripp anbandeln und ihn so zu einer gemeinsamen Wohnung überreden, natürlich alles von Mama und Papa bezahlt. Dummerweise verliebt Paula sich schließlich tatsächlich in ihren Klienten. Bradley Cooper spielt den jungen Demo, einen von Tripps besten Freunden, der Paulas Geheimnis an Tripp verrät.

Die Dreharbeiten mit Hollywoodstar Matthew McConaughey, der vom *People Magazine* den Titel »Sexiest Man Ali-

Szene aus »Zum Ausziehen verführt« (v.l.n.r.): Justin Bartha, Matthew McConaughey und Bradley Cooper

ve« verliehen bekommen hatte, sorgten nicht gerade für eine Stärkung von Bradleys Selbstbewusstsein. Im Interview mit *TheCinemaSource.com* sagte er: »Ich hatte eine ziemlich harte Zeit aufgrund der Tatsache, dass ich nicht vom selben Schlag wie McConaughey bin; so braun gebrannt oder durchtrainiert werde ich nie sein! Neben ihm wirkte ich eher wie eine Kartoffel! Während wir gemeinsam Basketball spielten, zog er sein Shirt aus, woraufhin wir alle unsere Shirts auszogen und danach ziemlich deprimiert aus der Wäsche guckten.«

Was Bradley an *Zum Ausziehen verführt* interessant fand, war der Charme und der besondere Humor, wie er sagte: »Der Film kombiniert eine Slapstick-Oldschool-Komödie mit romantischen Elementen, was meiner Meinung nach ziemlich schwierig ist. Aber genau das gefällt mir daran – beispielsweise die Tatsache, dass die Hauptfigur von einem Delfin fertiggemacht wird, sie aber den romantischen Rahmen des Films nie verlässt. Mir gefallen auch die Eltern sehr, die Figuren Terry und Kathy. Ich fand, dass sie sehr gut ausgetüftelt worden sind.«

Diese Meinung teilten die Kritiker leider überhaupt nicht. Der Film, der am 10. März 2006 in den USA anlief, erntete größtenteils vernichtende Kritiken. Die *USA Today* schrieb: »Die Geschichte ist schlecht konzipiert, die Chemie zwischen den Darstellern nicht vorhanden, und die Dialoge sind bleischwer.« In der Zei-

Trotz schlechter Kritiken ein Erfolg: »Zum Ausziehen verführt« spielte weltweit knapp 120 Millionen Dollar ein

tung *Toronto Star* fragte man sich: »Wie konnte ein Film mit so großem Staraufgebot und so viel Comedypotenzial so danebengehen?« Die *Seattle Times* schrieb: »*Zum Ausziehen verführt* ist eine weitere Einweg-Komödie, bei der sich niemand Gedanken oder Mühe gemacht hat.« Das Kinopublikum war offenbar anderer Meinung – immerhin konnte der Film sich an den Kinokassen recht ordentlich schlagen und spielte weltweit etwa 120 Millionen Dollar ein.

Ende 2005 kehrte Cooper tatsächlich noch einmal zu *Alias* zurück, und zwar war er in der letzten Staffel der Serie in der Folge *Bombe im Kopf* nochmals als Will Tippin zu sehen. Dazu sagte Bradley: »Fünf Jahre *Alias* – besser hätte es nicht kommen können. Ich glaube, dass jetzt jeder bereit für das Ende ist, aber wir sind traurig, dass sich die Familie danach trennen wird. Trotzdem freue ich mich auf meine Rückkehr und darauf, alle wiederzusehen. Das wird toll.«

Danach tat sich für Bradley Cooper eine vielversprechende Möglichkeit auf, und zwar als Hauptdarsteller in *Kitchen Confidential*, einer TV-Sitcom basierend auf dem erfolgreichen Roman *Geständnisse eines Küchenchefs – Was Sie über Restaurants nie wissen wollten* von Anthony Bourdain. Durch seine Darbietungen in *Die Hochzeits-Crasher* und *Zum Ausziehen verführt* hatte er sich den Ruf als Schauspieler für eher schrullige Typen erspielt, und so hielt man ihn für die perfekte Besetzung als durchgeknallter Koch Jack Bourdain, der mit den alltäglichen Problemen in einem Restaurant zu kämpfen hat. Obwohl die Serie wie ein sicherer Erfolg klang, zog das Publikum nicht mit – offenbar waren zu wenig bekannte Namen im Ensemble, um ein großes Publikum anzusprechen, und so wurde das Ganze nach nur 13 Folgen wieder eingestellt.

Dies war wieder mal ein schwerer Schlag für Coopers Selbstbewusstsein. Erneut stellte er sich die Frage, ob der Weg, den er mit der Schauspielerei eingeschlagen hatte, der richtige gewesen war. So kam es laut Bradley im März 2006 für ihn zu einem »Do or Die«-Moment, in dem er alles auf eine Karte setzte. Er bekam die Möglichkeit, ins Theatergenre zu wechseln, und nahm eine Rolle in dem Broadway-Stück *Three Days of Rain* an, in dem er neben den Hollywoodstars Julia Roberts und Paul Rudd zu sehen war. Die Vorbereitung für diese Rolle war laut Bradley »das Schlimmste, was ich bisher durchmachen musste – bei Weitem. Ich weiß noch, wie ich dachte: Wenn das hier nicht klappt, bin ich einfach nicht der Richtige für dieses Business.« Damals spielte Cooper tatsächlich mit dem Gedanken, die Schauspielerei an den Nagel zu hängen und als Lehrer zu arbeiten.

Auch wenn das Broadway-Stück nur mäßig erfolgreich war und gemischte Kritiken erhielt, war es für Cooper eine Art Initialzündung. Die Aufführungen gaben ihm neues Selbstvertrauen und zeigten ihm ein für alle Mal, dass er für den Schauspielberuf einfach geboren war. Cooper wusste, dass er sich in Zukunft mehr Gedanken darüber machen musste, welches Ziel er verfolgen will. Zu oft hatte er Möglichkeiten wahrgenommen, die ihm zwar Arbeit gaben, sich jedoch karrieretechnisch als Sackgasse herausgestellt hatten. »Seitdem versuche ich, selbstreflektierter zu sein«, sagte er 2013 im Interview mit dem *Mirror*, »weil ich dazu neige, die Perspektive zu verlieren.« Zu jener Zeit wurde ihm klar, dass es keine Alternativroute für ihn gab – er wollte Schauspieler sein und war fest entschlossen, hart dafür zu kämpfen. »Ich wusste immer, dass ich mich ganz einem Regisseur, einem Film hingeben wollte. Ich hatte immer das Gefühl, dass ich genau dafür wie geschaffen war.«

Three Days of Rain war also ein weiterer wichtiger Wendepunkt in Coopers beruflichem Leben, aber auch privat änderte sich einiges für den aufstrebenden Star: Im Dezember 2006 heiratete er seine damalige Freundin, die Schauspielerin Jennifer Esposito (bekannt aus Filmen wie *Sag kein Wort* mit Michael Douglas oder *L.A. Crash* mit Sandra Bullock). Die beiden waren 2005 zum ersten Mal gemeinsam in der Öffentlichkeit gesehen worden, sprachen jedoch nicht in der Öffentlichkeit über ihre Beziehung. Allerdings sollte das Glück der beiden nicht lange halten – nach nur fünf Monaten war die Ehe bereits wieder am Ende, als die Schauspielerin im Mai 2007 die Scheidung einreichte. Auch über die genauen Gründe des Scheiterns der Ehe behielten die beiden Stillschweigen, einzig in einem Radiointerview mit dem legendären Radio-DJ Howard Stern sagte Cooper: »Es war einfach etwas, was passiert ist. Das Gute an der Sache ist, dass wir damals beide gemerkt haben, dass es nicht funktioniert. Denn manchmal merkst nur du es.« Als

Szene aus »The Comebacks« (2007)

Stern mehr darüber wissen wollte, blockte Cooper ab. »Es war einfach nicht richtig«, sagte er. »Es ist schon interessant … solche Dinge passieren eben.«

Nach den Alkohol- und Drogeneskapaden, der gescheiterten Ehe und dem Stotterstart seiner Karriere war Bradley Cooper nun also bereit für den kompletten Neustart. Glücklicherweise hatte er sich durch seine guten Darbietungen in *Alias, Die Hochzeits-Crasher* und *Zum Ausziehen verführt* einen guten Namen in der Filmbranche erarbeitet, sodass er trotz des Flops mit *Kitchen Confidential* weiterhin als Darsteller gefragt war. So konnte er in der Folge Rollen in den Erfolgsserien *Law & Order: New York* und *Nip/Tuck – Schönheit hat ihren Preis* sowie in der Football-Komödie *The Comebacks* ergattern. Im Jahr darauf konnte er seinen Platz in der Filmwelt noch mehr festigen, und zwar mit Rollen in Filmen wie *American Evil* und *The Rocker – Voll der (S)Hit*, bis er 2008 mit dem Horrorstreifen *The Midnight Meat Train* seine erste Hauptrolle in einem Spielfilm bekam.

Darin geht es um eine unheimliche Mordserie in New York, wobei Menschen auf brutale Weise massakriert werden. Bradley Cooper spielt einen aufstrebenden Fotografen, der nachts durch New York zieht, um Motive zum Fotografieren zu finden. Dabei kommt er dem Massenmörder Mahogany (gespielt vom ehemaligen walisischen Fußballprofi Vinnie Jones, bekannt aus Filmen wie *Bube, Dame,*

König, grAS oder *Snatch – Schweine und Diamanten*) auf die Spur und taucht in eine gruselige New Yorker Unterwelt voller schrecklicher Kreaturen ab. Der Film lief nur in ausgewählten Kinos an, erhielt

»DAS GUTE AN DER SACHE IST, DASS WIR DAMALS BEIDE GEMERKT HABEN, DASS ES NICHT FUNKTIONIERT. DENN MANCHMAL MERKST NUR DU ES.«

aber generell gute Kritiken. Für Cooper war es eine radikale Abkehr von dem, was er bis dahin gemacht hatte, und auch wenn dieser kuriose Ausflug ins Horrorgenre für ihn ein Einzelfall bleiben sollte, betont Cooper noch heute, dass er »sehr stolz auf den Film« sei.

Zu jener Zeit hatte der Schauspieler einen relativ guten Lauf, was Filmproduktionen betraf, und er hatte das Glück, mit vielen großen Namen der Filmbranche zusammenarbeiten zu dürfen. Es folgte *New York, I Love You*, ein mit Hollywoodstars wie Shia LaBeouf, Natalie Portman, Orlando Bloom, Andy Garcia, James Caan, John Hurt, Ethan Hawke und Christina Ricci gespickter Episodenfilm sowie eine größere Rolle in dem Jim-Carrey-Klamaukstreifen *Der Ja-Sager*, der weltweit ein Kinohit wurde. In dem Film spielt Carrey einen Mann namens Carl, der mit seinem Leben unzufrieden ist. Nach einem Motivationsseminar beschließt er, ausnahmslos zu allem nur noch Ja zu sagen und Nein aus seinem Wortschatz zu verbannen. Dadurch ändert sich in seinem Leben plötzlich zunächst alles zu seinem Vorteil, bis er tief in der Tinte steckt. Bradley Cooper spielt Carls besten Freund, der zugleich sein Anwalt ist und ihn aus brenzligen Situationen rausboxt. Weltweit spielte der Film über 226 Millionen Dollar ein.

2009 ging es für Bradley ohne Pause weiter. Durch Erfolge wie *Der Ja-Sager* bekam Bradley vermehrt Rollen in größeren Produktionen angeboten, unter anderem in der romantischen Komödie *Er steht einfach nicht auf Dich* mit Ben Affleck, Scarlett Johansson, Jennifer Aniston und Drew Barrymore. In dem Film, der sich um verschiedenste Dating- und Beziehungsprobleme von Singles und Pärchen dreht, spielt Bradley einen Immobilienmakler, der in der Liebe wenig Glück hat. Auch dieser Film war sehr erfolgreich an den Kinokassen und spielte weltweit über 178 Millionen Dollar ein.

Im Anschluss nahm Cooper eine der Hauptrollen in dem Film *Verrückt nach Steve* an, in dem er neben Sandra Bullock

Szenen aus »The Midnight Meat Train« (2008), Coopers erste Hauptrolle in einem Kinofilm

zu sehen war. Bullock spielt die überdrehte, neurotische Kreuzworträtsel-Entwicklerin Mary, die sich in den Kameramann Steve (Cooper) verliebt und ihm so sehr auf die Pelle rückt, dass dieser nur noch die Flucht ergreifen kann. Die Geschichte war jedoch eher schwach, sodass der Film überwiegend negative Kritiken bekam und trotz eines Kassenmagneten wie Sandra Bullock nur ein mäßiger Erfolg wurde. Als wäre das noch nicht genug, wurden Bullock und Cooper schließlich auch noch mit dem zweifelhaften Negativpreis Goldene Himbeere als »Schlechtestes Leinwandpaar« ausgezeichnet.

»ICH ENTDECKTE MICH KOMPLETT NEU IN DIESEM ARBEITSUMFELD, WAS EINFACH NUR WUNDERVOLL WAR.«

Bradley Cooper ließ dies jedoch an sich abprallen, er konzentrierte sich weiterhin auf seine Arbeit. Durch die letzten Erfolge hatte Bradley seinen Namen in Hollywood festigen können, und das war für ihn wichtig. Vor allem aber war er froh, beständig Arbeit zu haben und nicht wieder in ein Loch zu fallen. »Ich machte all diese Filme, lernte Sandra Bullock und andere Leute kennen und durfte mit ihnen arbeiten«, sagte er. »Und ich hatte kein Alkoholproblem mehr und dachte nur: ›Oh, ich bin ja tatsächlich ich selbst.

Ein weiterer Kinoerfolg, in dem Cooper als Nebendarsteller zu sehen ist: »Er steht einfach nicht auf Dich« (2009) mit Ben Affleck (rechts)

Und ich muss mich gar nicht verstellen, damit jemand mit mir arbeiten will. Oh, wie zum Henker kommt das denn?‹ Ich entdeckte mich komplett neu in diesem Arbeitsumfeld, was einfach nur wundervoll war.«

Allerdings war ihm auch bewusst, dass er mit den Rollen, die er in den vergangenen Jahren gespielt hatte, nicht in die Richtung ging, die er als Schauspieler ursprünglich hatte einschlagen wollen. Ein anspruchsvolles Drama, in dem er sein ganzes Potenzial entfalten konnte, war ihm bisher verwehrt geblieben. »In meinem Kopf – oder in einem Platz in meinem Herzen, beispielsweise in Sachen Kreativität – fühlte ich mich absolut nicht erfüllt«, so Cooper gegenüber der *GQ*. »Aber ich war dankbar und freute mich, dass ich Arbeit hatte – dass ich die Leere in schwächeren Momenten füllen konnte.«

Cooper war sich sicher, dass seine Zeit irgendwann kommen würde – und das sollte sie auch. Aber zuerst musste er sich noch auf eine wichtige Reise begeben: nach Las Vegas.

Szene aus »Er steht einfach nicht auf Dich«: Das Ehepaar Ben (Cooper) und Janine (Jennifer Connelly) macht eine schwere Phase durch

The Best Little CHA
PARKI
OPEN 24 HRS
ALL OTHERS WILL BE TOWED
AT OWNERS EXPENS

KAPITEL 4

HANGOVER

DER GROSSE DURCHBRUCH

2009 geriet Bradley Cooper unfreiwillig in die Schlagzeilen, als bekannt wurde, dass er mit Hollywoodstar Renée Zellweger liiert war. Zellweger hatte sich Ende der 90er mit Filmen wie *Jerry Maguire – Spiel des Lebens* oder *Nurse Betty* als Hollywoodschauspielerin etabliert, bevor sie 2001 als Bridget Jones in der gleichnamigen Filmreihe zum Weltstar wurde. Cooper und Zellweger hatten sich am Set des Films *Fall 39* kennengelernt, dessen Dreharbeiten bereits 2006 begonnen hatten, allerdings wegen eines Brandes im Filmstudio unterbrochen werden mussten. Der Film des deutschen Regisseurs Christian Alvert (*Antikörper*, 2005), ein Thriller, in dem Cooper eine Nebenrolle spielt, wurde schließlich 2009 fertiggestellt und veröffentlicht. In dieser Zeit waren Bradley und Renée sich näher gekommen und ein Paar geworden, zogen es jedoch vor, Stillschweigen über ihre Partnerschaft zu bewahren. Öffentlich wurde die Beziehung erst, als die beiden gemeinsam auf verschiedenen Veranstaltungen sowie im gemeinsamen Urlaub gesichtet wurden.

Beruflich bot sich Cooper in jenem Jahr die Möglichkeit, für einen Part in einer Trashkomödie namens *Hangover* vorzusprechen, die der Amerikaner Todd Phillips (*Road Trip*) in Szene setzen sollte. Cooper war ein Fan des Regisseurs, deshalb wollte er bei dem Projekt unbedingt dabei sein. Allerdings hatte Cooper anfangs Zweifel, ob er überhaupt eine Chance haben würde, da es sich um eine der Hauptrollen handelte und er zu jenem Zeitpunkt definitiv noch nicht als Kassenmagnet galt.

Das Casting fand im Chateau Marmont in Los Angeles statt. Im Interview mit *GQ* erinnerte sich Bradley Cooper noch genau an das erste Treffen mit Regisseur Phillips. »Ich glaube, mein Agent musste Todd förmlich dazu zwingen, mich an jenem Tag zu treffen«, erzählte der Schauspieler. »Beim Vorsprechen lagen Todd und

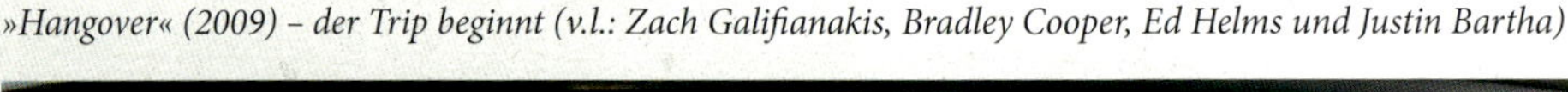

»Hangover« (2009) – der Trip beginnt (v.l.: Zach Galifianakis, Bradley Cooper, Ed Helms und Justin Bartha)

ich gleich auf einer Wellenlänge, aber ich konnte schon sehen, dass ich nicht ›der Richtige‹ war. Sie hatten bereits bestimmte Schauspieler im Auge, mit denen sie den Film machen wollten, und diese waren auch nicht uninteressiert. Aber es waren alles relativ unbekannte Schauspieler. Ein Studio gibt dir 15 Millionen Dollar für einen Film, und du willst drei völlig unbekannte Typen nehmen? Niemals. Und so hörte ich nichts mehr von dem Projekt, ich vergaß es. … Zu jener Zeit bekam ich ständig Rollen angeboten, die alle wie mein Part in *Die Hochzeits-Crasher* waren – ich hätte diese Rolle die nächsten zehn Jahre noch spielen können. Aber ich nahm nichts davon an. Allerdings hatte ich zu jener Zeit auch nichts anderes, was ich hätte tun können.«

Weiter sagte er: »Als Nächstes ging ich nach Williamstown, um in dem Theaterstück *The Understudy* mitzuspielen – eigentlich eher in der Annahme, dass ich in kreativer Hinsicht Erfüllung finden würde, aber ich hatte keine Ahnung, woher meine nächste Gage kommen sollte. Dann bekam ich diese E-Mail von Todd. Es war zwei Uhr nachmittags, und wir wollten gerade die Matineevorstellung beginnen, da hörte ich das ›Ping‹ meiner Inbox.« Das Einzige, was in Todd Phillips E-Mail stand, waren die Worte: »Auf geht's, ihr Luder!« Und diese E-Mail sollte dafür sorgen, dass Bradleys Welt bald vollkommen auf den Kopf gestellt wurde.

Zunächst verstand der Schauspieler nicht, was Phillips mit seiner Mail meinte, und so rief er ihn an. »Ich fragte ihn: ›Todd, wovon sprichst du?‹ Er sagte: ›Es geht los. *Hangover* – wir werden ihn machen.‹«

Die Geschichte handelt von den vier Freunden Doug (Justin Bartha), Phil (Bradley Cooper), Stu (Ed Helms) und Alan (Zach Galifianakis), die nach Las Vegas reisen, um dort Dougs Junggesellenabschied zu feiern. Die Party gestaltet sich so feuchtfröhlich, dass die Männer

Szene aus »Hangover«: Phil, Alan und Stu haben keine Ahnung, wo ihr Kumpel Doug abgeblieben ist

am nächsten Tag mit einem Riesenkater und kollektivem Filmriss aufwachen – keiner weiß mehr, was am Abend zuvor passiert ist. Ihre Hotelsuite ist verwüstet, Doug ist verschwunden, und im Kleider-

»DIESER KERL IST SO ANDERS ALS ICH. TATSÄCHLICH BIN ICH VON IHM IMMER NOCH BEGEISTERT. WENN ICH DIE FIGUR AUF DER LEINWAND SEHE, SEHE ICH MICH ÜBERHAUPT NICHT.«

schrank finden sie ein ihnen unbekanntes Baby. Nach und nach können die Freunde den verhängnisvollen Abend rekonstruieren und geraten immer wieder in brenzlige Situationen, ausgelöst durch ihr Verhalten im Vollsuff am Abend zuvor. Da Dougs Hochzeit kurz bevorsteht, müssen die Männer alles unternehmen, um ihren Freund zu finden und ihn rechtzeitig zur Trauung in der Kirche abzusetzen.

Schon seit geraumer Zeit hatte das Drehbuch seine Runden in Hollywood gemacht, war bei vielen renommierten Darstellern aber auf Ablehnung gestoßen, da man bei dieser trashigen Geschichte befürchtete, sich im Falle eines Erfolgs den Ruf als ernst zu nehmender Schauspieler zu verderben. Auch viele der Schauspielkollegen, die er in den vergangenen Jahren kennengelernt hatte, sowie einige Freunde rieten ihm zunächst von *Hangover* ab, ebenfalls aus dem Grund, dass sich der Schauspieler dadurch beruflich in eine Sackgasse manövrieren könnte. Im Interview mit *ContactMusic.com* sagte Cooper: »Damals hing ich mit ein paar angesehenen Schauspielfreunden ab, die sehr erfolgreich waren, und sie sagten: ›Warum machst du diesen Film *Hangover*? Ich habe das Drehbuch auch gelesen und habe es abgelehnt.‹ Ich sagte nur: ›Oh, okay. Egal, ich werde ihn machen.‹«

Weiter sagte er: »Eines habe ich gelernt: Andere erfolgreiche Schauspieler erzählen sich gern gegenseitig, dass sie mal wieder ein Drehbuch abgelehnt haben. Und dann stellt sich heraus, dass man ihnen das Drehbuch zwar zugeschickt, aber ihnen keine Rolle angeboten hatte. Schauspieler sind schon ein verrücktes Völkchen. Ich fühle mich geehrt, zu dieser Berufsgruppe zu gehören, aber ich verspüre auch sehr viel Dankbarkeit, dass ich kein typischer Schauspieler bin, absolut nicht.«

Die Rolle des Phil gefiel Cooper sehr, vor allem, weil er sich selbst darin überhaupt nicht wiederfinden konnte. Im Interview mit *GQ* sagte er: »Dieser Kerl ist so anders als ich. Tatsächlich bin ich von ihm immer noch begeistert. Wenn ich die Figur auf der Leinwand sehe, sehe ich mich überhaupt nicht.«

Weiter sagte er: »Ich spiele ihn unheimlich gern, und mittlerweile habe ich auch erkannt, wie sehr ich ihn liebe. In meinen Augen ist er sehr selbstbewusst. Er entschuldigt sich nicht dafür, dass er ist, wie er ist, aber er hat auch keine schlechte Seite. Er redet gern, aber er ist nie der Lauteste. Er protzt auch nicht herum, er hat keine Unsicherheiten, die er überspielen muss. Er ist einfach der coolste Motherfucker, den es gibt. Und vieles von seinem Verhalten – wie er spricht, geht und wie er sich generell gibt – habe ich mir von Regisseur Todd Phillips abgeguckt.«

Phillips wusste, dass er mit seiner Hauptdarstellerwahl ein Risiko eingegangen war, aber er war von Anfang an

Bradley Cooper als Phil Wenneck in »Hangover«: die Rolle brachte dem Schauspieler den lang ersehnten Durchbruch in Hollywood

überzeugt davon, dass seine Schauspieler genau die richtigen für die Rollen waren. Über Cooper sagte er: »Ich liebe es, wenn ein Typ Selbstvertrauen hat. Ich habe das nicht, aber es gibt nichts, was sexyer ist, und Bradley bringt davon so unglaublich viel auf die Leinwand. Als Mensch ist er überhaupt nicht so, aber er hat ganz offensichtlich eine Art Swagger, die sehr wichtig für diese Figur in *Hangover* war, also haben wir das als Grundlage genommen.«

Die Dreharbeiten, die größtenteils in Las Vegas stattfanden, verliefen sehr harmonisch, vor allem, weil sich die Schauspieler untereinander auch sehr gut verstanden. Todd Phillips sagte gegenüber *Tribute.ca*: »Diese Jungs sind echt großartig, da keiner von ihnen ein Ego-Problem hat. Und in einer solchen Umgebung zu drehen macht vieles einfacher.«

Alan-Darsteller Zach Galifianakis war ein alter Bekannter von Bradley Cooper, die beiden waren sich 2002 bereits über den Weg gelaufen. Der als Stand-up-Comedian bekannt gewordene Galifianakis hatte damals auf dem Sender VH-1 eine eigene Talkshow namens *Late World with Zach* moderiert, in der auch Bradley zu Gast gewesen war. Die beiden hatten sich damals schon gut verstanden, sich danach aber aus den Augen verloren, wie Cooper in einem Interview mit CNN verriet: »Vor sieben Jahren hatten wir beide beruflich in Vancouver zu tun und lernten uns dort kennen, dann verloren wir uns

Szene aus »Hangover«: Wo zum Teufel kommt das Baby her?

aber wieder aus den Augen. Ich würde sagen, mit dem ersten *Hangover*-Film wurden wir richtig dicke Freunde und sind es seitdem auch geblieben.«

Zu den bemerkenswertesten Szenen in *Hangover* gehören sicherlich Bradleys Kuschelstunde mit einem lebendigen Tiger sowie das Treffen mit Mike Tyson, dem legendären Skandalboxer. »Wenn ich neue Leute kennenlerne, wollen sie meist zwei Dinge von mir wissen – ob die Arbeit an *Hangover* Spaß gemacht hat und wie angsteinflößend der Tiger war«, erklärte Cooper gegenüber *Shortlist.com*. »Ja, es war der größte Spaß, den man sich vorstellen kann, und Katy – na ja, sie war echt wild. Was immer ihr auch im Leben macht, versucht auf alle Fälle zu vermeiden, mit einem Tiger arbeiten zu müssen. Katy war weitaus angsteinflößender als Tyson.«

Der Film, der mit einem Budget von etwa 35 Millionen Dollar gedreht wurde, lief im Juni 2009 in den amerikanischen Kinos an, weltweit startete er etwa einen Monat später. Zwar waren sich Regisseur und Darsteller bewusst, eine außergewöhnliche Komödie geschaffen zu haben, aber niemand hatte damit gerechnet, dass der Film zu einem so umwerfenden Erfolg werden würde – schon im August jenes Jahres hatte er über 400 Millionen Dollar eingespielt. Gegenüber dem *Post Magazine* sagte Regisseur Phillips: »Na-

Cooper über den Erfolg von »Hangover«: »Ich denke, der Film kam so gut an, weil er schamlos witzig ist. Niemand entschuldigt sich für all das schlechte Benehmen. In den meisten Hollywoodfilmen wird am Ende aufgeräumt und sich entschuldigt – wir haben das nicht getan.«

türlich hoffst du immer, dass die Leute deinen Film lieben werden, aber es war schon unglaublich, wie *Hangover* abgegangen ist.« Auf die Frage, warum der Film so ein großes Publikum anzog, sagte Phillips: »Ich habe das Gefühl, dass der Film viel mehr zu bieten hat als nur ›ein paar Typen fahren zum Junggesellenabschied nach Vegas‹. Ich denke, der Film kam so gut an, weil er schamlos witzig ist. Niemand entschuldigt sich für all das schlechte Benehmen. In den meisten Hollywoodfilmen wird am Ende aufgeräumt und sich entschuldigt – wir haben das nicht getan.«

Der Humor sprach nicht nur das amerikanische Filmpublikum an, sondern fand weltweit großen Anklang. Auf die Frage, warum der Film auf der ganzen Welt so erfolgreich sei, antwortete Bradley Cooper: »Er hat sehr viele Slapstick-Elemente, verbale Komik, aber auch körperliche Komik, und ich glaube, das ist wahrscheinlich der Grund, warum er auch international so gut ankommt, gerade wegen der körperlichen Komik.«

Hangover wurde Anfang 2010 sogar mit einem Golden Globe in der Kategorie »Beste Komödie« ausgezeichnet, dem wohl renommiertesten amerikanischen Filmpreis nach dem Oscar. Als man Bradley darauf ansprach, sagte er: »Als ich vor der Kamera so tun musste, als ob ich mit einem echten Tiger Sex habe,

Szene aus »Hangover«: Stu (Ed Helms), Phil (Cooper) und Alan (Zach Galifianakis) am Boden

habe ich ganz bestimmt nicht daran gedacht, jemals für einen Golden Globe nominiert zu werden. Wir alle konnten es kaum fassen, als wir den Golden Globe bekamen. Das war unvorstellbar, als wir den Film drehten.«

Da der Golden Globe allgemein als Oscar-Barometer gilt, vermutete die Presse, dass *Hangover* auch unter den Nominierten der Academy Awards 2010 sein würde. Das Männermagazin *Esquire* war beispielsweise der Meinung, dass nicht nur der Film, sondern auch Darsteller Zach Galifianakis für einen Oscar hätte nominiert werden müssen, jedoch war wohl allen am Film Beteiligten klar, dass eine schräge Komödie wie diese niemals auch nur die geringste Chance bei der Oscar-Jury haben würde – was sich letzten Endes auch bewahrheiten sollte.

Für Bradley Cooper hatte sich mit *Hangover* jedoch alles geändert. Zwar war er schon ein bekanntes Gesicht in der Film- und Fernsehwelt gewesen, aber seit dem phänomenalen Erfolg von Todd Phillips' Trashkomödie zählte er zu den neuen Topstars in Hollywood. Er konnte sich nicht nur vor lauter Rollenangeboten retten, sondern hatte auch privat keine Ruhe mehr. »Mein Bekanntheitsgrad war Stück für Stück angestiegen, bis *Hangover* veröffentlicht wurde«, saget er gegenüber dem *People Magazine*. »Danach belagerten Paparazzi mein Haus, und ich musste umziehen.«

Nach »Hangover« war Cooper weltweit ein bekanntes Gesicht. »Mein Bekanntheitsgrad war Stück für Stück angestiegen, bis ›Hangover‹ veröffentlicht wurde. Danach belagerten Paparazzi mein Haus, und ich musste umziehen.«

Nach *Hangover* folgte für den frischgebackenen Star zunächst eine weitere Liebeskomödie mit dem Titel *Valentinstag*. In dem Film von Regisseur Garry Marshall (*Pretty Woman*, 1990) geht es um besondere Wendepunkte in den Beziehungen verschiedener Paare, die sich alle am Valentinstag zugetragen haben. Bradley spielt den Lebenspartner eines homosexuellen professionellen Footballspielers, der beschließt, sich in der Öffentlichkeit zu outen – auch auf die Gefahr hin, dass seine Sportlerkarriere daraufhin zu Ende sein wird. In dem Film, der in kleinen Episoden erzählt wird, waren unter anderem zahlreiche hochkarätige Hollywoodstars wie Jessica Alba, Patrick Dempsey, Jamie Foxx, Ashton Kutcher, Shirley MacLaine, Julia Roberts, Jessica Biel, Kathy Bates und Anne Hathaway sowie die Teenie-Stars Taylor Swift und Taylor Lautner zu sehen – eine höhere Stardichte in einem Film hatte es bis dahin kaum gegeben.

Passend zum Titel lief *Valentinstag* im Februar 2010 weltweit in den Kinos an, konnte die meisten Kritiker jedoch nicht überzeugen. An den Kinokassen wurde der Film zum Erfolg und spielte über 216 Millionen Dollar ein, bei einem geschätzten Budget von 52 Millionen.

Ein weiteres großes Filmprojekt, das Bradley Cooper angenommen hatte, war der Actionstreifen *Das A-Team – Der Film*, basierend auf der Fernsehserie *Das A-Team*, die zwischen 1983 und 1987 in den

»Valentinstag«: Holden (Cooper) und Kate (Julia Roberts) kommen sich auf einem Flug näher.

USA produziert wurde und zu den erfolgreichsten Serien der 80er-Jahre zählt. Die Geschichte drehte sich um die vier Vietnamkriegsveteranen Hannibal (gespielt von Hollywoodaltstar George Peppard), Face (Dirk Benedict), Murdock (Dwight Schultz) und B. A. Baracus (Mr. T, bekannt aus *Rocky III*), die fälschlicherweise eines Kriegsverbrechens beschuldigt werden und auf der Flucht vor der Militärpolizei sind. Sie haben es sich zur Aufgabe gemacht, unterdrückten, in Not geratenen Menschen zu helfen, die von der Polizei im Stich gelassen wurden.

Cooper freute, sich bei dem filmischen Remake der Serie dabei zu sein. »*Das A-Team* war in ihrer Zeit eine enorm erfolgreiche Serie«, sagte er im Interview mit *TV Spielfilm*. »Sogar bevor ich für die Rolle unterschrieben hatte, war ich erstaunt, wie viele Leute diese Serie liebten. Mr. T ist durch diese Serie eine weltweite Ikone geworden. Man müsste wirklich den Kopf in den Sand stecken, um nicht zu merken, dass es hier einen massiven Wiedererkennungsfaktor gibt.«

Die perfekte Ausarbeitung der Figuren war einer der Hauptgründe, warum Cooper das Projekt so sehr ansprach. »Wenn ich mir die TV-Serien der 80er so ansehe, dann waren sie so prägend für meine Generation, weil sie viel mehr von Charakteren lebten als von einem Plot. Heutzutage sind TV-Serien sehr anspruchsvoll, wechselhaft. In den 80ern gab es *Wonder Woman* und *Das A-Team* und *Miami Vice*, die sich eher auf ein bestimmtes Konzept stützten. Ich denke, aus *Magnum* könnte

»Das A-Team« (2010) - oben: Face (Cooper), Murdock (Sharlto Copley), Hannibal (Liam Neeson) und B.A. (Quinton Jackson) kämpfen gegen das Böse. Unten: Die schöne Charisa Sosa (Jessica Biel) lässt Face festnehmen.

man ebenfalls einen ziemlich coolen Film machen.«

Mit ihm vor der Kamera standen noch Hollywoodstar Liam Neeson als Hannibal, Sharlto Copley als Murdock und Quinton »Rampage« Jackson als B. A. Baracus. In dem Film von Regisseur Joe Carnahan ist das A-Team als angesehene Eliteeinheit im Irak stationiert und soll sich um die Wiederbeschaffung von US-Dollar-Druckplatten kümmern, die in die Hände von Rebellen geraten sind. Über die Dreharbeiten sagte er: »Es war ein Gefühl, als wäre man Teil einer Mannschaft, eines Sportteams. Es war sehr athletisch – als Kind hätte ich mir nie vorstellen können, dass es so sein könnte, einen Film zu drehen. Für mich ist wirklich ein Kindheitstraum wahr geworden. Denn als Kind habe ich unheimlich gerne Actionfilme gesehen, Sam Peckinpah war einer meiner Lieblingsregisseure. Die Chance, mit Liam Neeson und vier Maschinengewehren arbeiten zu können, habe ich schamlos ausgenutzt, hundertprozentig.«

Am Ende traf Cooper sogar noch auf einen der Originaldarsteller der *A-Team*-Serie. »Tatsächlich konnte ich zwei Szenen mit dem Original-Faceman Dirk Benedict spielen«, so Cooper. »Sie sind über dem Abspann, also sollte man besser so lange sitzen bleiben! *(lacht)* Es war fast surreal, mit ihm darüber zu sprechen, dass ich jetzt Face spiele. Als Kind war ich immer eher zu Murdock hingezogen. Nicht mal in einer Million Jahre hätte ich gedacht, dass ich mal Face spielen werde!«

Der Film lief im Sommer 2010 in den Kinos an, wurde aber trotz großer Medienkampagne nicht zu dem Erfolg, den sich alle Beteiligten versprochen hatten. Auch die Kritiker zeigten sich größtenteils enttäuscht von dem Werk, da ihrer Meinung nach die Actionszenen die Handlung völlig überlagerten. So hieß es in der *SZ*: »Kein Bild steht so lang, dass man es begreifen könnte – sie so zu ordnen, dass man der Handlung noch folgen kann und möchte, ist eben auch eine Kunst; eine, die Joe Carnahan nicht beherrscht. *The A-Team* [sic] fühlt sich an wie ein endloser Trailer, tausend Fragmente, die nicht zusammenfinden.« Der bekannte Filmkritiker Roger Ebert von der *Chicago Sun-Times* beschrieb den Film als »unverständliches Durcheinander« und schrieb: »Kein Actionelement dieses Films hat irgendeine Verbindung mit der Handlung, die drum herum stattfindet.«

Cooper fand es bedauerlich, dass der Streifen insgesamt so schlecht abschnitt. »Der Film war eine ganz tolle Erfahrung«, so der Schauspieler gegenüber dem *Esquire*. »Leider kam nicht das dabei heraus, was wir uns vorgestellt hatten.« Auf die Frage, ob der Film als Flop betrachtet werde, sagte er: »Natürlich. Sonst hätten wir noch einen gedreht. Aber es war eine großartige Erfahrung. Und eine weitere Chance, einem Regisseur auf die Finger zu schauen und zu sehen, wie er arbeitet. Von Joe Carnahan habe ich so viel gelernt.«

Cooper hakte den Film als großartige Erfahrung ab und blickte weiterhin nach vorn. Der Erfolg von *Hangover* hatte ihm die Türen in Hollywood weit aufgestoßen, und es boten sich ihm nun endlich die Möglichkeiten, von denen er so lange geträumt hatte. Jetzt war es an der Zeit, sich den ernsthafteren Projekten zu widmen und der Welt zu zeigen, was wirklich in Bradley Cooper steckte.

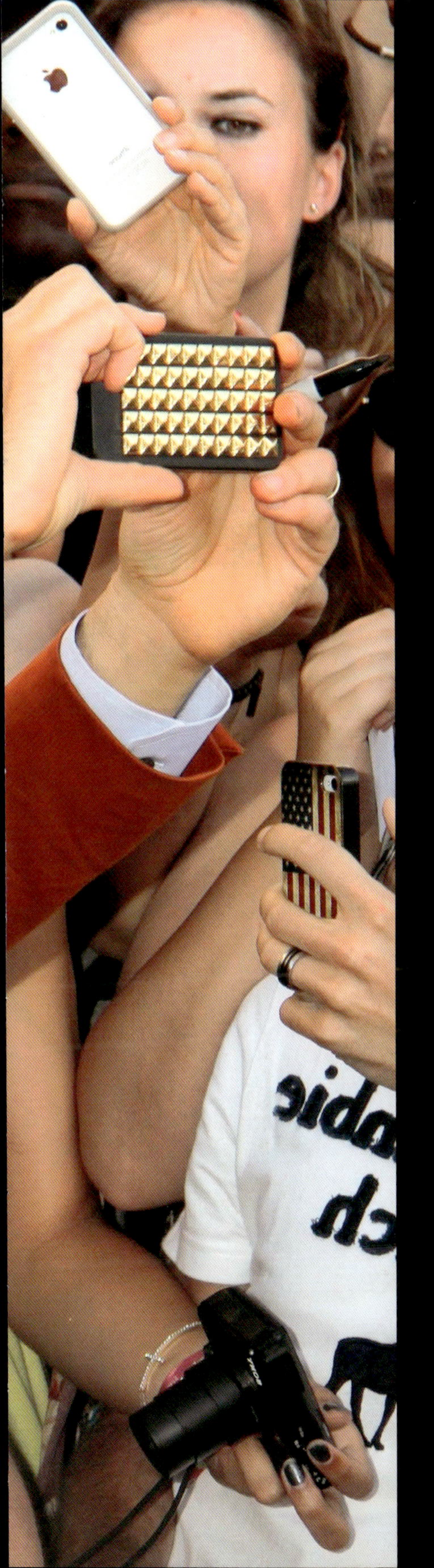

KAPITEL 5

OHNE LIMIT

ES WIRD ERNST

Hangover war für Bradley Cooper in mehrerer Hinsicht ein Wendepunkt gewesen. Er war vom Schauspieler mit passablem Erfolg zum Hollywoodstar aufgestiegen, und jeder kannte nun sein

»MIR ERÖFFNETEN SICH ALL DIESE MÖGLICHKEITEN, WAS ICH ALLES ›HANGOVER‹ ZU VERDANKEN HABE.«

Gesicht. Außerdem bekam er wesentlich höhere Gagen und konnte sich vor Rollenangeboten kaum noch retten. Anhand seiner überzeugenden Darbietung in der Rolle des Phil hatte Cooper allen gezeigt, dass er als Hauptdarsteller durchaus bestehen konnte. Nun musste ein Film her, in dem Cooper zeigen konnte, dass er viel mehr kann als nur leicht verdauliche Kinokomödien, wie Hollywood sie wie am Fließband produziert. Der Schauspieler war gewappnet für anspruchsvollere Aufgaben, für Filme mit Substanz und Schlagkraft, und dieses Mal war er bereit, einen Film komplett allein zu tragen. Dies sollte er zum ersten Mal in dem Streifen *Ohne Limit* unter Beweis stellen dürfen. »Mir eröffneten sich all diese Möglichkeiten«, sagte Cooper, »was ich alles *Hangover* zu verdanken habe. Denn dadurch konnte ich *Ohne Limit* machen, was mir den Weg dafür ebnete, dass Regisseure überhaupt mit mir arbeiten wollten.«

In *Ohne Limit* spielt er einen Mann namens Eddie Morra, einen Schriftsteller, der einen lukrativen Buchdeal abgeschlossen hat, jedoch unter einer Art Schreibblockade leidet und nicht in der Lage ist, das geplante Buch fertigzustellen. Als er von einem Bekannten eine neuartige Droge namens NZT zum Probieren bekommt, ändert sich alles: Die Droge steigert seine Intelligenz, sein Erinnerungsvermögen sowie seine Konzentrations- und Wahrnehmungsfähigkeit. Mithilfe der Pille kann Eddie sein Buch ohne Probleme fertigstellen. Wie so viele Drogen hat auch NZT unerwünschte Nebenwirkungen, und das abrupte Absetzen der Droge kann sogar zum Tod führen. So ist Eddie gezwungen, NZT weiterhin regelmäßig einzunehmen, nicht nur um seine Karriere aufrechtzuerhalten, sondern auch um am Leben zu bleiben.

»Ich las das Drehbuch, das Leslie Dixon basierend auf Alan Glynns Roman geschrieben hat, vor etwa acht Monaten«, erzählte Cooper im Interview mit *What Culture*. »Erst nachdem ich die Rolle bekommen hatte, las ich das Buch. Ich wusste gar nicht, dass es den Roman gab, aber Leslie hatte dieses unglaubliche Drehbuch mit einer phänomenalen Figur geschaffen. Dann traf ich mich mit Neil Burger, weil ich dachte: ›Oh, wow, einen Typen zu spielen, der wie in dieser Geschichte von A nach Z geht, wäre echt unglaublich.‹ Bei dem Treffen wollte ich ihn unbedingt davon überzeugen, warum ich diese Figur spielen musste, und etwa sechs Monate später bekam ich das Angebot und hoffte darauf, dass aus dem Projekt tatsächlich etwas werden würde.«

Über seine Rolle sagte er: »Mir gefiel die Idee, dass Eddie sich zu Beginn des Films gar nicht selbst bemitleidet, sondern sich eigentlich mit der Tatsache abgefunden hat, dass er sein Potenzial bisher noch nicht hat entfalten können. Und so lernt der Zuschauer ihn kennen. Für ihn war es cool, mit 25 einen Vertrag mit

»Ohne Limit« (2011): Bestsellerautor Eddie Morra (Cooper) kommt nicht mehr von der Droge NZT los

einem Verlag zu unterschreiben, und er spricht darüber, wie toll alles sein wird, aber als er mit 35 immer noch nichts geschrieben hat, ist alles gar nicht mehr so cool. Einen Typen zu sehen, der zuerst sehr zufrieden mit seiner Situation ist, dann Macht bekommt, diese einsetzt und einen bestimmten Plan verfolgt ... Sein ursprünglicher Plan war gar nicht, Geld zu verdienen. Er sagt: ›Ich hatte einen Plan, und Geld würde es mir ermöglichen, ihn umzusetzen.‹«

Auf die Frage, was er tun würde, wenn ihm die Droge in die Hände fallen würde, antwortete er: »Ich denke, ich würde erst mal so viele Sprachen lernen wie möglich, und dann würde ich wahrscheinlich, so wie Eddie, so viele Instrumente wie möglich lernen. Danach würde ich versuchen, Geld zu verdienen, damit ich herumreisen und meine Talente nutzen kann. Es wäre echt klasse, wenn ich mit großartigen Musikern jammen und überall auf der Welt mit allen Leuten kommunizieren könnte. Was ich dann tun würde, weiß ich nicht – wahrscheinlich weiterhin Schauspieler sein.«

Natürlich bescherte dem Film die Tatsache, dass Hollywoodikone Robert De Niro in einer kleinen Nebenrolle zu sehen ist, eine größere mediale Aufmerksamkeit. Aber nichtsdestotrotz lag der Fokus auf dem jungen Hauptdarsteller Bradley Cooper. Auf die Frage, ob sich der Druck auf ihn dadurch erhöht habe, sagte er: »Für mich fühlte es sich nicht so an, als würde ich zusätzlichen Druck verspüren. Wenn ich unvorbereitet zum Dreh erschienen wäre, hätte ich großen Druck verspürt, weil es für die Rolle des Eddie eine umfangreiche Vorbereitung benötigt, vor allem da er diese verschiedenen Phasen durchmacht. Das bedeutete viel Arbeit, und hätte ich diese Arbeit

Durch seine Darbietung in »Ohne Limit« konnte Bradley Cooper sich als ernst zu nehmender Schauspieler in Hollywood etablieren

nicht erledigt, hätte ich wahrscheinlich irgendwann eine Panikattacke bekommen und ins Krankenhaus gemusst. Die Zeit war einfach nicht da, wir hatten 38 Drehtage, und die Erzählung hängt vollkommen von Eddie Mora ab. Ich konnte all die Leute, die in dieses Projekt involviert waren, nicht hängen lassen. Das wäre überall so gewesen, selbst in einem Ensemble ... Sieh mal, Filme zu drehen ist wie ein gemeinsames Wettrennen, eine Art Marathon. Beispielsweise in *Hangover* oder *Das A-Team* stand ich an der Startlinie mit Rampage [Jackson] und Sharlto [Copley] und Liam [Neeson], und wir fangen an zu laufen und kommen durch all diese Städte, wie etwa bei der Tour de France. In einer anderen Stadt erwartet mich dann Jessica Biel, dann laufe ich mit Zacky [Galifianakis] und Ed [Helms], irgendwann mit Justin Bartha und so weiter. In diesem Film laufe ich das Rennen jedoch allein.«

An *Ohne Limit* gefiel Cooper besonders die intensive Zusammenarbeit mit Regisseur Burger, die dadurch zustande kam, dass Cooper der alleinige Hauptdarsteller war. »Filme wie diese sind eine gute Möglichkeit, mit dem Regisseur einen festen Bund einzugehen. Man liegt sozusagen zusammen mit dem Regisseur im Schützengraben, was ich sehr gern mag.«

In dem Film verkörpert Cooper eine Art Superheld mit Spezialkräften. Auf die Frage, ob er gern mal in einem echten Actionfilm einen Superhelden wie Superman oder Batman verkörpern wolle, sagte er lachend: »Na ja, ich habe für die Rolle als Green Lantern vorgesprochen und habe sie nicht bekommen. Seitdem hatte ich noch nicht den Mut, mir den Superhelden-Umhang wieder anzulegen.«

Ohne Limit lief im März 2011 in den amerikanischen und einen Monat später weltweit in den Kinos an. Mit einem Einspielergebnis von über 157 Millionen Dollar wurde der Film zu einem großen Erfolg. Die Kritiken waren überwiegend positiv, vor allem über Coopers Darbietung. So schrieb beispielsweise die Zeitschrift *Variety*: »Indem er seine Haltung von ruppig zu übercharmant ändert, zeigt Cooper sein ganzes Können in einem Film, den er von Anfang bis Ende dominiert.« Zwei Jahre nach der Veröffentlichung des Filmes kursierten Gerüchte, dass Bradley Cooper aus der Geschichte eine ganze Serie machen wolle. Der Sender CBS gab Ende 2014 tatsächlich bekannt, dass ein Pilotfilm in Auftrag gegeben wurde, offenbar mit Bradley Cooper als Executive Producer, jedoch nicht als Darsteller.

In seinem nächsten Film traf der Schauspieler auf zwei alte Bekannte, die er noch aus seiner Jugend in Philadelphia kannte. Lee Sternthal sowie Brian Klugman, sein alter Schulkumpel von der Germantown Academy. Sternthal und Klugman hatten schon seit Jahren an einem Projekt namens *Der Dieb der Worte* gearbeitet, hatten aber nicht die nötigen Mittel gehabt, einen Film daraus zu machen. Bradley war von dem Projekt so überzeugt, dass er seinen Freunden half, den Film auf die Beine zu stellen. Im Interview mit der *L.A. Times* sagte Klugman: »Dieser Film wurde nur durch die Hilfe unseres Kumpels gemacht. Es stimmt, ohne ihn wäre dieser Film wohl nie gedreht worden.« Cooper wollte aber nicht den Eindruck entstehen lassen, dass er seinen Freunden bloß einen Gefallen getan habe – er stand hundertprozentig hinter dem Projekt. »Klar war es toll, meinen Freunden helfen zu können«, sagte er. »Aber das war nicht aus Mitleid. Ich glaube an sie.«

Der Film *Der Dieb der Worte* dreht sich um den jungen erfolglosen Autor Rory

»FILME WIE DIESE SIND EINE GUTE MÖGLICHKEIT, MIT DEM REGISSEUR EINEN FESTEN BUND EINZUGEHEN.«

(Cooper), der ein verlorenes Manuskript findet und dies unter seinem Namen als Roman veröffentlicht. Das Buch wird ein großer Erfolg und Rory zum gefeierten Schriftsteller. Kurze Zeit später wird er von einem alten Mann angesprochen (gespielt von Hollywoodstar Jeremy Irons), der sich als der wahre Autor des Buches entpuppt. Neben Bradley Cooper und Jeremy Irons sind noch Dennis Quaid, Olivia Wilde und Zoë Saldaña in dem Film zu sehen.

Für Cooper war es ein großer Vorteil, mit diesen beiden alten Freunden zusammenzuarbeiten, wie er gegenüber *PhillyRecord.com* zugab: »Sie gaben mir die Möglichkeit, mich zu öffnen. Wenn man sich am Set sicher fühlt, kann man sehr viel mehr erkunden. Mit ihnen war ich dazu in der Lage, was mich sehr überraschte.«

Ein weiterer Grund, warum Cooper den Film unbedingt machen wollte, war das starke Drehbuch. Wie so viele aufstrebende Autoren hat Rory sich etwas zu eigen gemacht, das er über alles bewundert – den Schreibstil eines anderen Schriftstellers. Dieser Diebstahl aus Bewunderung löst eine Reihe von Dingen aus, die Rorys Leben völlig verändern und ihn aus der Bahn werfen. Über seine Rolle sag-

Szenen aus »Der Dieb der Worte« (2011) – oben: Schriftsteller Rory (Bradley Cooper) hat sich in eine Sackgasse manövriert und sucht Rat bei seiner Frau Dora (Zoë Saldaña)

te Cooper im Interview mit der Zeitung *Columbus Dispatch*: »Er ist ungeduldig. Er will nicht darauf warten, bis ihm der große Wurf gelingt. Im Grunde raubt er sich selbst das Gefühl der Glückseligkeit, etwas wirklich Wundervolles geschaffen zu haben.«

Für Klugman und Sternthal ging es bei der Geschichte in erster Linie darum, hervorzuheben, wie man mit Schuldgefühlen als Strafe umgeht. Der alte Mann zeigt Rory nicht an, und so muss Rory sein Leben lang mit dem Gedanken leben, ein Betrüger zu sein. »Rorys Strafe besteht darin, niemals herauszufinden, ob er wirklich das Zeug dazu hätte, ein erfolgreicher Schriftsteller zu werden», so Sternthal.

»Wir sprachen über die Vorstellung, mit Schuld leben zu müssen und ob man dies verdrängen oder dem gänzlich entfliehen kann«, sagte Klugman weiter. »Schuldgefühle sind eine schwere Last, sie sind nie nützlich, soweit ich das sagen kann.«

»Wir haben uns daran gewöhnt, in Filmen und Büchern zu erleben, wie Menschen für ihre Verbrechen schrecklich bestraft werden«, fügte Sternthal hinzu. »Man könnte fast sagen, Schuldgefühle gehören nicht mehr dazu. Wir wollen sie wieder zu einem Teil unserer Kultur machen – die Vorstellung, dass Schuldgefühle selbst auch eine Strafe sein können.«

Der Film von Cooper und seinen beiden Schulfreunden feierte im Januar 2012 seine Premiere auf dem renommierten Sundance Festival in Utah und lief in den USA regulär im September 2012 an. Er blieb weitestgehend ein Geheimtipp, jedoch hoben die Medien größtenteils Bradleys schauspielerische Leistung hervor. Nach der Veröffentlichung wurden Stimmen laut, dass die Handlung des Films sehr stark an die des Romans *Lila Lila* von Martin Suter aus dem Jahr 2004 angelehnt sei,

»GERADE ›OHNE LIMIT‹ GAB MIR DIE MÖGLICHKEIT, INTERESSANTERE ROLLEN AUSZUWÄHLEN UND EINE GRÖSSERE, KREATIVERE ROLLE IN DER ZUSAMMENARBEIT MIT ANDEREN SCHAUSPIELERN EINZUNEHMEN.«

in dem es ebenfalls um einen Mann geht, der ein altes Manuskript findet, es unter seinem Namen veröffentlicht und zum literarischen Star wird. Klugman und Sternthal jedoch hatten ihre Drehbuchidee bereits im Jahr 2000 im Rahmen des Sundance Screenwriter's Lab, eines Workshops für Drehbuchautoren, vorgestellt.

Der Film mag zwar kein großer Erfolg gewesen sein, er war jedoch sehr wichtig für die weitere Entwicklung Coopers als Schauspieler. Nach Christopher Walken (*Die Hochzeits-Crasher*), Liam Neeson (*Das A-Team*) und Robert De Niro (*Ohne Limit*) hatte er mit Jeremy Irons einen weiteren großartigen Charakterdarsteller als Co-Star an seiner Seite gehabt, von dem er sich eine Menge abgucken konnte. »Gerade *Ohne Limit* gab mir die Möglichkeit, interessantere Rollen auszuwählen und eine größere, kreativere Rolle in der Zusammenarbeit mit anderen Schauspielern einzunehmen«, so Cooper. »Man will einfach von den großen Schauspielern lernen, mit denen man arbeitet. Und ich stelle immer wieder fest, dass sie alle eines gemeinsam haben: diese bestimmte Integrität, mit der sie an ihre Arbeit herangehen. Sie sind sehr umgänglich und geben ihr Wissen und Können gern weiter.«

Bevor Cooper sich an die Arbeit an der Fortsetzung zu *Hangover* machte, nahm er eine Nebenrolle in der Actionkomödie *Hit and Run* an, eine kleinere Independentproduktion, für die Cooper eine Woche lang in Los Angeles vor der Kamera stand. Von Anfang an war klar, dass dieser Film über Kultstatus wohl nicht hinauskommen würde, aber wie auch bei *Der Dieb der Worte* war Cooper dieser Film wichtig gewesen, da sein alter Freund Dax Shepard, den er zu seinen besten Freunden zählt, das Drehbuch geschrieben hatte. Der Film dreht sich um den ehemaligen Fluchtwagenfahrer Charlie (gespielt von Shepard), der in Los Angeles in einen Bankraub verwickelt war und gegen seine Komplizen bei der Polizei ausgesagt hatte. Seitdem befindet er sich im Zeugenschutzprogramm und hat die Stadt verlassen. Als seine Freundin Annie (Kristen Bell) ein verlockendes Jobangebot in Los Angeles erhält, beschließt Charlie, mit ihr zu gehen – auf die Gefahr hin, dass seine ehemaligen Komplizen ihn erwischen. Bradley spielt einen Anwalt, der Charlie das Leben schwer machen will. Der Film lief nur in ausgewählten Kinos, konnte bei einem Budget von zwei Millionen Dollar aber dennoch beträchtliche 14 Millionen einspielen.

Ende 2010 war es für Bradley Cooper endlich so weit, sich an die Arbeit von *Hangover 2* zu machen. Der Schauspieler freute sich auf das Projekt und darüber, dass fast alle, die den ersten Film zu so einem großen Erfolg gemacht hatten, wieder an Bord waren. Für ihn wie auch Regisseur Phillips war von Anfang an klar, dass dieser Film nicht bloß gedreht wurde, um auf dem Rücken des ersten Films Geld zu machen – allen war bewusst, dass sie eine besondere Fortsetzung machen wollten.

Phillips sagte: »Wenn man eine Fortsetzung macht, nehmen die Leute oft an: ›Ach, die machen das nur, weil jeder das große Geld damit verdienen will.‹ Aber in Wahrheit war *Hangover* für uns eines der schönsten Erlebnisse überhaupt, und obwohl die Jungs dieses Mal eine höhere Gage bekommen, machen wir den Film, weil wir ein Werk schaffen wollen, das dem ersten Teil in nichts nachsteht. Ich merke, was *Hangover* dem Publikum bedeutet – die Leute lieben den Film. Ich bin also nicht wahnhaft. Ich weiß, was die Leute denken und erwarten. Ich meine, wir haben einen Golden Globe für *Hangover* bekommen. Das hätte ich niemals erwartet. Ich will damit nicht sagen, dass ich den Preis nicht haben will, aber so was hat man sicherlich nicht im Kopf, wenn man einen Film macht. Wenn man einen Film wie *Hangover* um zwei Uhr morgens in irgendeiner Seitengasse in Las Vegas dreht, denkt man sicherlich nicht darüber nach, was die *Hollywood Foreign Press* über jene bestimmte Szene wohl denken würde … *(lacht)* Aber ich denke, wir haben ein sehr lustiges Drehbuch für *Hangover 2* geschrieben, und allein durch seine Struktur können wir die Rate an Überraschungen größtmöglich halten.«

Im zweiten Teil machen sich die Protagonisten Phil, Stu, Alan und Doug auf den Weg nach Bangkok, da Stu dort heiraten will. Aufgrund der Erlebnisse in Las Vegas entscheiden sich die Männer dieses Mal

BROS. PICTURES
2
WOLFSRUDEL IST ZURÜCK

Auf ein Neues: In »Hangover 2« geraten die Freunde Phil, Stu und Alan in Bangkok in wilde Abenteuer (Szene mit Ken Jeong als Leslie Chow, 2. v.l.)

für einen einfachen vorhochzeitlichen Brunch, was allerdings doch wieder völlig aus dem Ruder läuft und für einige wilde Abenteuer in der thailändischen Hauptstadt sorgt. Verglichen mit dem ersten Teil ist *Hangover 2* merklich düsterer, und auch am Set hatten die Schauspieler mit einigen widrigen Umständen zu kämpfen, teilweise weil die Dreharbeiten in Bangkok stattfanden.

»Den ersten Monat drehten wir in L. A., und ich weiß noch, wie wir sagten: ›Oh Gott, ich kann es kaum erwarten, nach Bangkok zu fliegen‹«, so Cooper gegenüber der *GQ*. »In dem Moment, als wir gelandet waren, sagten alle nur: ›Oha.‹ Man konnte es uns ansehen, es war das wohl anstrengendste Erlebnis, das ich bis dahin bei einem Film erlebt habe. Wenn ich morgens aufwache, freue ich mich eigentlich immer auf die Arbeit, und bei *Hangover 2* wachte ich morgens immer mit dem Gefühl auf: ›Ich will nicht zur Arbeit‹, weil die Stimmung am Set manchmal echt angespannt war.«

Im Interview mit dem *Shave Magazine* ging Cooper näher auf die widrigen Umstände ein, die den Dreh behinderten. »Viele Leute hatten mit Magenproblemen zu kämpfen«, sagte er. »Und allein schon logistisch von Punkt A nach Punkt B zu kommen war unglaublich schwierig, mit all der Bürokratie und den Dingen, die geregelt werden müssen. Am Set waren immer viel zu viele Leute, und Todd möchte eher so wenig Rummel wie möglich. Aber es war immer das Gegenteil. Zu sehen, wie ein Regisseur – vor allem jemand wie Todd Phillips – damit umgehen muss, war sehr interessant. ... Es war nun mal nicht Las Ve-

Cooper über »Hangover 2«: »Ich denke, es war sehr wichtig, dass wir uns an die Struktur des ersten Teils gehalten haben ... Die tickende Uhr muss da sein, der Abend, an den sich keiner erinnern kann, jemand, der verloren geht, eine ungeduldige Braut sowie der Typ, der schnellstens zu seiner Hochzeit gebracht werden muss.«

gas, sondern Bangkok. Es war sehr intensiv. Und es war der härteste Dreh, den ich bis dahin gemacht habe. Gleiches gilt für Zach, Ed und Todd ... und die ganze Crew. Das war wirklich ein unglaublicher Trip.«

Trotzdem war der Schauspieler begeistert von dem asiatischen Land, wie er im Gespräch mit *DNA India* sagte: »Generell sind die Leute in Bangkok sehr gut aussehend, Männer wie Frauen. Vor allem die Frauen sind sehr hübsch! ... Die Leute dort haben einen ganz bestimmten Spirit. Nicht umsonst nennt man Thailand das Land des Lächelns. Die Leute dort sind so offen und freundlich, was sehr ansteckend ist. Sie strahlen eine besondere Energie aus, sodass man sich bei ihnen sehr wohlfühlt. Das ist einer der Gründe, warum ich mich in Bangkok verliebt habe und ohne zu zögern zurückkehren würde.«

Auch die Zeit mit Boxchampion Mike Tyson, der im zweiten Teil wieder mit von der Partie war, genoss der Schauspieler. »Mike war fantastisch. Es war toll, ihn wiederzusehen. Vor allem sah er fantastisch aus, er hatte über 20 Kilo abgenommen und war in bester Verfassung. Wir haben viel Zeit mit ihm verbracht.«

Für einigen Wirbel hatte die Nachricht gesorgt, dass Mel Gibson eine Nebenrolle in *Hangover 2* spielen sollte. Der Schauspieler war in der Vergangenheit durch verbale Entgleisungen im Vollrausch negativ aufgefallen, was ihm das Kinopublikum nur schwer verzeihen konnte. Seine Karriere war daraufhin den Bach hinuntergegangen, und als er für *Hangover 2* ins Gespräch gebracht wurde, gab es einen Aufschrei der Empörung unter den Fans der Kinoreihe. Die Produzenten

Szenen aus »Hangover 2«: Die Jungs sind mit ihrem Latein wieder mal am Ende

Unten: Um Stu rechtzeitig zu seiner Hochzeit zu bringen, leihen die Jungs sich Leslies Schnellboot

befürchteten einen Imageschaden, und so wurde Gibson kurzerhand wieder von der Produktion ausgeladen. Seine Rolle sollte Liam Neeson übernehmen, allerdings war der zum Dreh verhindert, sodass letzten

»ICH PERSÖNLICH FINDE DEN ZWEITEN FILM VIEL BESSER ALS DEN ERSTEN, UND ICH DENKE, DASS DIE FIGUREN BESSER AUSGEARBEITET SIND – MAN LERNT SIE BESSER KENNEN.«

Endes Schauspieler Nick Cassavetes den Part übernahm.

Bradley Cooper war stolz auf das Ergebnis der Arbeit, die alle in den zweiten Teil gesteckt hatten. »Ich persönlich finde den zweiten Film viel besser als den ersten«, so Cooper im *Shave Magazine*, »und ich denke, dass die Figuren besser ausgearbeitet sind – man lernt sie besser kennen. Die Dynamik wird sehr interessant. Man merkt, dass Phil verwundbar ist und zu einem eher pubertären Verhalten zurückfällt, als er zu Alan sagt: ›Du bist nicht mehr mein Freund!‹ Das fand ich überaus interessant. … Ich denke, es war sehr wichtig, dass wir uns an die Struktur des ersten Teils gehalten haben, und diese Entscheidung haben wir schon ganz am Anfang getroffen. … Die tickende Uhr muss da sein, der Abend, an den sich keiner erinnern kann, jemand, der verloren geht, eine ungeduldige Braut sowie der Typ, der schnellstens zu seiner Hochzeit gebracht werden muss. Daran hielten wir uns, und wir wussten es auch von Anfang an. Todd sagte uns, dass man dem Publikum in den ersten fünf Minuten, als Tracy am Telefon hört: ›Wir stecken in der Scheiße‹, klarmacht: Hey, Leute, ihr bekommt denselben Film, nur dieses Mal ist er viel düsterer und es steht viel mehr auf dem Spiel – also schnallt euch an!«

Nach dem Ende der Dreharbeiten kehrte der Schauspieler in die USA zurück, wo ihn ein schwerer Schicksalsschlag ereilen sollte. Sein Vater Charles, der seit längerer Zeit an Lungenkrebs erkrankt war, lag im Sterben. Für Cooper war sein Vater immer ein großes Vorbild gewesen, jemand, der ihm Kraft und Halt gab und stets ein wichtiger Teil seines engen Umfeldes war.

Während jener Zeit hielt Bradley sich in seiner Heimat Philadelphia auf und verbrachte jede Minute mit seinem sterbenden Vater. »Der Tod wurde etwas sehr Reales«, so der Schauspieler im Gespräch mit der *GQ*. »Und sehr greifbar. Denn mein Vater, 36 Jahre lang Teil meines Lebens, war plötzlich einfach weg. Ich sah ihm beim Sterben zu, ich saß an seinem Bett und sah ihn an, atmete mit ihm, und dann sah ich seinen letzten Atemzug, und er war weg. Ich habe das alles miterlebt. Und das war ein Wendepunkt, den ich glücklicherweise miterleben durfte. Er veränderte alles. Seitdem ist nichts mehr wie zuvor.«

Weiter sagte er: »In den ersten sieben Jahren in diesem Business hatte ich nicht das geringste Selbstvertrauen. Erst als ich aufhörte, mir über alles und jeden Gedanken zu machen, als mein Vater starb, änderte sich das. … Genau in jenem Moment war die Unschuld fort, für immer und ewig. Das Gute ist, dass ich jetzt keine Schweißausbrüche vor lauter Angst bekomme. Mein Vater gab mir zwei wichtige Geschenke – er gab mir das Leben, und er starb in meiner Gegenwart. Früher war ich der Junge, der Zitteranfälle

bekam, wenn er vor Menschen sprechen musste. Heute macht mich eigentlich gar nichts mehr nervös. Ich kann sowieso nicht alles unter Kontrolle haben. Ich sah meinem Vater beim Sterben zu und erkannte, dass wir alle irgendwann einmal so sterben werden. Für mich war es wie ein Schalter, der umgelegt wurde – ich wusste, dass Menschen irgendwann sterben, aber jetzt hatte ich es wahrhaftig miterlebt. Und das führte in meinem Kopf zu einem kompletten Neustart. Im Grunde hat es mich nicht motiviert, eher im Gegenteil. Es sorgte dafür, dass ich das Wichtige im Leben erkenne und mich darauf konzentriere.«

In jener schweren Zeit versuchte Cooper so gut es ging, mit seiner Trauer fertigzuwerden. Was er brauchte, war ein Freund, der ihm zuhörte, ihn aber auch aufmuntern konnte. »Einer der ersten Menschen, die ich nach dem Tod meines Vaters anrief, war Zach [Galifianakis]«, verriet Cooper gegenüber *VirginMedia.com*. »Wir unterhielten uns und lachten und weinten gleichzeitig. ... Zach ist einer meiner besten Freunde. Wenn etwas nicht in Ordnung ist, ist er der erste, den ich anrufe.« Während der Trauerphase geschah ein weiteres Unglück – in seinem Elternhaus in Jenkintown brach ein Feuer aus. Zu Schaden kam niemand, jedoch war das Haus eine längere Zeit nicht bewohnbar, sodass Bradley seine Mutter Gloria mit zu sich nach Los Angeles nahm.

Im Frühjahr 2011 wurde auch bekannt, dass Cooper und Renée Zellweger sich nach zwei Jahren Beziehung getrennt hatten. Den Grund für das Ende verrieten beide nicht in der Öffentlichkeit, aber in den Klatschmedien kursierten Gerüchte, dass Cooper vor lauter Arbeit keine Zeit mehr für seine Freundin gehabt habe. Ein weiteres Gerücht, das sich hartnäckig hielt, war, dass Popstar Jennifer Lopez der Grund für die Trennung gewesen sei. Sie und Bradley waren im Frühjahr 2011 gemeinsam beim Abendessen in einem Restaurant gesichtet worden, allerdings war das Treffen laut Cooper »rein freundschaftlicher Natur«. Er selbst betonte zu jener Zeit, seit der Trennung von Zellweger Single zu sein.

In einem Interview mit *Details.com* sprach er etwas genauer über das Alleinsein. »Während der Dreharbeiten von *Hangover 2* in Thailand habe ich Zach [Galifianakis] immer beneidet, weil er ständig diese langen Spaziergänge ganz allein machte«, sagte er. »Ich weiß noch, wie ich dachte: ›Das möchte ich auch können!‹ In solchen Dingen bin ich nicht sehr gut, vor allem mich ganz allein zu entspannen. Oder allein in einem Restaurant zu essen. Ich wollte einfach, dass es mir beim Alleinsein gut geht. Aber so war es nicht. Jedenfalls weiß ich nicht, was passiert ist, vielleicht lag es am Tod meines Vaters oder am Älterwerden, aber ich weiß jetzt, dass mir das Alleinsein unglaublich gut gefällt. Ich kann tagelang allein sein, und es macht mir nichts aus. Ich hätte nie gedacht, dass das möglich ist, und ich liebe es regelrecht, allein zu sein. Ich war gerade sieben Tage allein in Paris, ... wo ich gar nichts tat. Ich schlief jeden Tag bis zwölf Uhr mittags, ging spazieren. Ich war ganz bei mir und fuhr mit dem Motorrad um zwei Uhr morgens durch die Stadt, als die Straßen komplett leer waren.«

Dennoch blieb Cooper nicht lange einsam – im Sommer 2011 wurde bekannt, dass er mit der Schauspielerin Zoë Saldaña, mit der er in *Der Dieb der Worte* vor der Kamera gestanden hatte, eine Beziehung begonnen hatte. Saldaña hatte sich mit Rollen in Filmen wie *Fluch der Karibik*, *Star Trek* und *Avatar – Aufbruch nach Pandora* einen Namen in der Filmwelt gemacht.

Im Sommer 2011 lief *Hangover 2* schließlich weltweit in den Kinos an und wurde wie erwartet zum Kassenschlager. Der Film spielte an den Kinokassen über 580 Millionen Dollar ein, womit er den ersten Teil noch übertraf und diesen als erfolgreichste Komödie aller Zeit ablöste. Wie zu erwarten war, erntete der Film gemischte Kritiken. Viele Kritiker bemängelten den ähnlichen Aufbau wie beim ersten Teil und die Tatsache, dass der Fortsetzung die Überraschungsmomente fehlten, die *Hangover* so besonders gemacht hatten.

Angesprochen auf die negativen Besprechungen, sagte Cooper: »Ich habe die Kritiken zu *Hangover 2* nicht gelesen, aber ich würde nicht sagen, dass sie mich geärgert haben. Ich war definitiv perplex, da es für mich ganz klar der bessere Film von den beiden ist. In jeglicher Hinsicht kann man dabei zusehen, wie sich der Regisseur entwickelt. Es handelt sich auch um einen viel komplizierteren und auch viel lustigeren Film. Die Darbietungen sind besser, die Handlung ist packender – in jeder Hinsicht ist es ein anspruchsvollerer Film. Das Einzige, was fehlt, ist vielleicht die Frische des ersten Teils, weil es eben der erste war. Ich dachte also eher: Wow, das ist interessant, manchmal verreißen Leute Dinge einfach nur, weil sie es müssen.«

Cooper selbst war jedoch vom großen Erfolg sehr überrascht, wie er Ende 2011 in der irischen Talkshow *Xpose* sagte: »Todd Phillips kannte all die Zahlen und Einspielergebnisse, und er spekulierte auch darauf, dass der Film gut ankommen würde. Aber wir hätten nie gedacht, dass er die erfolgreichste Komödie aller Zeiten werden würde.«

So wurde auch gleich beschlossen, die Reihe mit einer dritten Fortsetzung abzuschließen. »Ich hoffe, wir fangen im September [2012] mit dem Dreh an«, so Cooper. »Im zweiten Teil haben wir uns an die Formel gehalten, aber beim dritten ... Ich denke, er wird in Los Angeles spielen und sich nicht so sehr an die Struktur der ersten beiden Teile halten. Er wird sicherlich anders werden. ... Ich mache alles, was Todd [Phillips] verlangt, er ist der Beste, er ist der Größte. Und ich liebe diese Typen einfach und auch meine Figur Phil – ich wäre ohne zu zögern dabei. ... Es muss eine Trilogie werden, man muss Dinge zu Ende bringen.«

Nach dem großen Erfolg von *Hangover 2* und dem dazugehörigen Presserummel war es für Bradley Cooper an der Zeit, sich auf seine nächste Aufgabe zu konzentrieren. Er hatte eine Rolle angenommen, die sein Image in der Filmwelt beträchtlich verändern sollte. Sie sollte ihn nicht nur in die erste Liga Hollywoods katapultieren, sondern ihm sogar eine Oscarnominierung einbringen.

KAPITEL 6

SILVER LININGS

EINE OSCARREIFE DARBIETUNG

Nach dem neuerlichen Ausflug ins Komödiengenre konzentrierte sich Bradley Cooper wieder auf ernstere Rollen. So fiel ihm das Drehbuch zu *Silver Linings* in den Schoß, eine Geschichte, die schon seit mehreren Jahren in Hollywood die Runde machte und verfilmt werden sollte. Filmmogul Harvey Weinstein, einer der mächtigsten Produzenten Hollywoods, hatte sich Mitte der Nullerjahre die Rechte an der Geschichte von Autor Matthew Quick gesichert, noch bevor diese als Roman veröffentlicht wurde. Zunächst waren Regisseure wie Sydney Pollack (*Jenseits von Afrika*) und Anthony Minghella (*Der englische Patient*) für die Verfilmung im Gespräch gewesen, die allerdings beide 2008 verstarben.

So fiel die Wahl schließlich auf den Amerikaner David O. Russell (bekannt durch Filmerfolge wie *Three Kings*, *I Heart Huckabees* und *The Fighter*), der sich des schwierigen Stoffes annahm. Es war nicht einfach, die emotionalen, beunruhigenden, lustigen und romantischen Elemente stimmig in einem Film zu vereinigen, und so wurde das Drehbuch laut Russell etwa 25 Mal umgeschrieben. Dem Regisseur selbst lag die Geschichte sehr am Herzen, da sein eigener Sohn unter einer bipolaren Störung leidet und er somit mit dem Thema vertraut war.

Auch die Wahl der Hauptdarsteller gestaltete sich als nicht so leicht – als Russell am Drehbuch arbeitete, hatte er Vince Vaughn und Zooey Deschanel als Darsteller im Kopf. Als aus dieser Konstellation nichts wurde, fiel die Wahl des männlichen Hauptdarstellers auf Mark Wahlberg, der jedoch aus terminlichen Gründen wieder aus dem Projekt aussteigen musste. Schließlich ging dieser Part an Bradley Cooper.

Silver Linings dreht sich um den psychisch labilen Pat Solanto Jr. (gespielt von Cooper). Pat wird von seiner Mutter Dolores (Jacki Weaver) gegen den Rat der Ärzte und gegen den Willen von Vater Pat Sr. (Robert De Niro) aus der Psychiatrie geholt und wohnt ab sofort wieder bei seinen Eltern. Pat war in psychiatrischer Behandlung, weil er den Lover seiner Ehefrau Nikki halb tot geschlagen hatte. Daraufhin hatten die Ärzte bei ihm eine bipolare Störung festgestellt. Nach dem Vorfall hatte Nikki sich von Pat getrennt, und auf gerichtlichen Beschluss darf er sich ihr nicht nähern.

Pat beschließt, die ihm verschriebenen Medikamente abzusetzen, weil er weiß, dass er sein Leben von allein wieder in den Griff bekommen kann. Er will von Neuem beginnen, zurück ins Berufsleben finden und sich vor allem mit seiner Frau versöhnen. Aber dann lernt er Tiffany (Jennifer Lawrence) kennen, eine sexsüchtige und emotional instabile Frau, die seine Welt voll und ganz auf den Kopf stellt.

Regisseur Russell hatte Bradley Cooper in *Die Hochszeits-Crasher* gesehen und als einer der wenigen das Potenzial erkannt, das in Cooper schlummerte. »Er kam mir wie ein wütender Mensch vor«, so Russell, »nicht nur in der Rolle, sondern er als Mensch. Und er war groß. Damals war er sicherlich noch 20 Kilo schwerer als heute. Wir waren uns damals häufiger über den Weg gelaufen, und mir kam er irgendwie immer unheimlich vor. So sehr ich die *Hangover*-Filme auch mag – ich wusste einfach, dass er nicht bloß ein netter Kerl ohne Ecken und Kanten war. Er schien

»Silver Linings« (2012): Bradley Cooper als Pat und Jennifer Lawrence als Tiffany

Wut in sich zu tragen, und Wut finde ich interessant. Aber das war nur die Spitze des Eisbergs. Ich musste herausfinden, was sonst noch in ihm schlummerte ... Ich sagte also zu ihm: ›Du kommst mir irgendwie wütend vor.‹ Und er sagte, dass er dies bloß als Abwehr nutze. Wer gibt so etwas schon vor jemandem zu, den er gerade erst kennengelernt hat? Ich liebe diese Art von Offenheit, weil ich mich – leider – immer in all meinen Facetten zeige. Ich dachte: Das ist ja interessant, er hat eine Art Abwehrmechanismus, und er war in Wirklichkeit das absolute Gegenteil von wütend. Er war verängstigt oder verwundbar.«

Die Rolle des Pat Jr. bedurfte einer besonders intensiven Vorbereitung, wie Cooper im Interview mit der *Washington Post* verriet. »David [O. Russell] schickte mir einige Sachen zu, Dokumentationen, Bildmaterial und Interviews«, sagte er. »Einiges davon sahen wir uns gemeinsam an. Und dann nahmen wir das Buch als Grundlage, was unsere Hauptquelle war. Ich arbeitete an meiner Figur, experimentierte einfach mit der Sprache und versuchte herauszufinden, was genau Pats Problem ist. Denn eine bipolare Störung ist wie eine Schneeflocke – jede ist einzigartig. Man kann das nicht vereinfachen und sagen: ›Ach, ich spiele jetzt mal jemanden mit bipolarer Störung.‹ In Pats Fall gibt es ganz bestimmte Dinge – beispielsweise fällt er völlig von der Rolle, wenn er an etwas erinnert wird, was für

Szene aus »Silver Linings«: Die außergewöhnliche Liebeskomödie wurde überraschend zu einem Riesenerfolg an den Kinokassen

ihn ein traumatischer Vorfall gewesen ist, der ihm emotional irgendwie zugesetzt hat. Einen dieser Vorfälle sieht man, als er seine Frau mit einem anderen Mann im Badezimmer erwischt. Dann ist da dieser Stevie-Wonder-Song als Auslöser, der ihn in einen absolut manischen Zustand versetzt. Was genau mit Pat los war, blendeten wir vorm Dreh einfach aus, wir schufen das Ganze erst am Set vor der Kamera. Bei David geht es in erster Linie ums Experimentieren vor der Kamera, daher gibt es im Vorfeld eigentlich gar keine Proben. Alles entsteht tatsächlich vor der Kamera.«

Für den Film standen nur 33 Drehtage zur Verfügung, was für eine Produktion dieser Größe nicht gerade viel ist. Auf die Frage, wie er innerhalb so kurzer Zeit so glaubwürdig in seine Rolle abtauchen konnte, sagte Bradley: »Man hat eigentlich gar keine Zeit, sich über irgendwelche wichtigen Dinge Gedanken zu machen. Es geht nur darum, da zu sein und es zu tun. Wenn du nicht mit der Bereitschaft, dich komplett zu öffnen, ans Set kommst, wird es nicht klappen. Alles wird nur deinetwegen gebremst, und dann hast du ernsthaft Probleme. Im Grunde gibt es nur diesen einen Weg, und zwar komplett offen zu sein und es einfach zu tun. Das Tolle daran ist, dass du sozusagen den Kopf abstellst, dich fragst: ›Wie kann ich dorthin gelangen?‹ Du gehst einfach los. Besser kann man es nicht beschreiben. Das Entdecken kommt mit dem Tun, nicht mit der

Vorbereitung auf das Tun. Anders kann ich es nicht ausdrücken.«

Die Darsteller mussten sehr häufig auf Improvisationen zurückgreifen, was in diesem Fall für Cooper eine außergewöhnliche Erfahrung war, wie er zugab: »Zwar bin ich es gewohnt, an Sets zu arbeiten, wo der Fokus sehr stark auf Improvisationen liegt. Aber nichts war bisher so aufregend wie das hier, muss ich sagen. Und so ging es auch den anderen. Alle, die daran mitgewirkt haben, sagten, es sei die beste Erfahrung ihres Schauspiellebens gewesen, inklusive Robert [De Niro].«

Die Dreharbeiten begannen im Sommer 2011 und fanden in Philadelphia statt, also in einem für Bradley altbekannten Terrain. »Ich wuchs im Nordosten von Philadelphia auf, kurz hinter der Stadtgrenze in einem Ort namens Jenkintown. Mit dem Fahrrad war das vom Drehort nur 25 Minuten entfernt. … Mein Vater arbeitete früher in der Innenstadt genau dort, wo wir drehten. Unser Basecamp war in der Nähe des Rathauses, wo er zur Highschool gegangen war. … Während des Drehs schaute meine Familie auch oft vorbei. Mein Cousin brachte ein paarmal in der Woche Sandwiches für die gesamte Crew mit. Auch mein Onkel kam vorbei. Das war eine sehr familienorientierte Erfahrung.«

Die gemeinsame Arbeit mit Russell beschreibt Cooper mit diesen Worten: »Zwei Männer stecken ihre Köpfe zusammen und brüten etwas aus.« Sie gingen jeden Satz im Drehbuch gemeinsam durch, schrieben es unzählige Male um und fanden schließlich die Figur Pat, die

Die Chemie zwischen Cooper und Lawrence stimmte von Anfang an. »Sie ist unglaublich, sehr talentiert und professionell«, so Cooper.

sich letztendlich sehr von der Romanvorgabe entfernt hatte. Cooper selbst sagt, dass *Silver Linings* auch etwas Therapeutisches an sich hatte. Seine Rolle erlaubte es ihm, einen Teil in sich zu erforschen – und zwar die Gefühle von Wut und Leere, mit denen er sich bis dahin noch nicht wirklich auseinandergesetzt hatte. Er selbst sagte auch, dass er sich durch den Film verändert habe, was auch seine Mutter feststellte, die während der Dreharbeiten in Philadelphia häufig am Set war. Allerdings fand Cooper es etwas beunruhigend, dass seine Mutter nicht erkannte, dass er eine Rolle spielte. »Sie sagte: ›Bradley, es kommt einem so vor, als würdest du gar nicht schauspielern.‹ Und ich fragte nur: ›Was meinst du damit, dass ich nicht schauspielere? Dieser Typ hat eine bipolare Störung!‹ Das war wirklich lustig, weil sie es absolut ernst meinte. Aber sie lag nicht ganz falsch. Ich hatte einen Punkt erreicht, an dem einfach alles von allein lief. Aber mal ernsthaft – hätte das nicht bei Face [der Superheld aus *Das A-Team*] sein können? Bin ich nicht so wie er? Ist es wirklich Pat Solitano? Aber kein Problem, Mom, ich komme damit klar.«

Russell und Cooper verstanden sich während der Dreharbeiten so gut, dass eine dicke Freundschaft daraus erwuchs. »Bradley wurde für mich wie ein Bruder«, sagte Russell im *W Magazine*. »Er hat die seltene Begabung, über den Film als Ganzes nachzudenken, nicht nur über seine Darbietung. Die meisten Schauspieler konzentrieren sich auf ihren Part, und das ist auch gut so, aber Bradley schafft

Für seine Darbietung in »Silver Linings« wurde Bradley Cooper für einen Oscar nominiert

es, den ganzen Film im Kopf zu haben. Anfangs hatte ich ihn öfter gefragt, was er von dieser oder jener Szene in *Silver Linings* halten würde, und ehe wir es uns versahen, hatte ich ihn zur Unterstützung in den Schneideraum eingeladen.«

Anders als viele andere Schauspieler hat Cooper zum Glück kein Problem damit, die eigene Darbietung anzusehen. »Meine Figur ist mir nicht wichtig – ich liebe die ganze Geschichte. Im Schneideraum muss man einfach grausam sein. Man sitzt zwölf Stunden lang in einer Art Höhle, und du packst die scharfen Messer aus, um gemeinsam die Geschichte perfekt auszuarbeiten. Aber versteht mich nicht falsch: Es geht hier nicht um Selbstlosigkeit. Wenn ich in einem schlechten Film gut bin, ist es egal. Aber wenn ich in einem großartigen Film gut bin, ist das fantastisch. Worum es mir in erster Linie geht, ist, den Film großartig zu machen. Um meine Darbietung geht es mir dabei eigentlich überhaupt nicht.«

Die ursprüngliche Fassung von *Silver Linings* war viel düsterer als die Version, die letztendlich im Kino lief. »Wir haben manche Szenen in vier oder fünf verschiedenen Varianten gedreht, und eine Version des Films ist tatsächlich härter, viel extremer als die Kino-Fassung«, sagte Cooper im Interview mit dem *SPIEGEL*. »Da gibt es zum Beispiel die Szene am Anfang, als Pat in der Praxis seines Psychiaters wütend das Zeitschriftenregal umstößt. Wir hatten eine Version, in der er das komplette Wartezimmer verwüstet. Aber man muss sich genau überlegen, mit wie viel Verrücktheit man die Zuschauer bombardiert, damit nicht die eigentlich heftigste Szene, nämlich die, in der Pat auf seine Mutter losgeht, plötzlich erwartbar wirkt, nach dem Motto: Na klar, der Typ ist ja crazy! Natürlich tut der so etwas! Das Publikum darf nicht abstumpfen.«

Weiter sagte er: »Wir wussten von Anfang an, dass *Silver Linings* kein Mainstream-Film wird. Und eine düstere Version hätte ja keine andere Geschichte erzählt. Wir zeigen Pats Krankheit in all ihren extremen Erscheinungen, und am Ende ist ja beileibe nicht alles rosig. Wir sind nicht zurückgeschreckt.«

Mit seinem weiblichen Co-Star Jennifer Lawrence verstand Bradley sich ebenfalls äußerst gut und freute sich, eine so begabte Kollegin an seiner Seite gehabt zu haben. »Ich bin wirklich gesegnet«, wurde er in der italienischen Zeitschrift *Chi*

LEXUS
GREY GOOSE
Cherry Noir
LININGS
PLAYBOOK

Cooper mit seinem Kumpel und großen Vorbild Robert De Niro bei der Premiere von »Silver Linings« in Los Angeles, November 2012

zitiert. »Sie ist unglaublich, sehr talentiert und professionell.«

Eine Schlüsselszene in dem Film ist der gemeinsame Tanz mit Tiffany. Im Film sieht Bradleys und Jennifers Darbietung sehr natürlich aus, was es allerdings überhaupt nicht war – aber ein Double kam weder für Bradley noch für Jennifer infrage. »Die Option auf Tanzdoubles zogen wir gar nicht erst in Erwägung«, so Cooper in der *New York Times*. Über die Tanzkünste ihres Filmpartners sagte Jennifer: »Er ist sehr gut, er bewegt sich sehr geschmeidig. Er tat mir wirklich leid, weil er ein so guter Tänzer ist und ich so schlecht bin. Wir probten zwei Stunden am Tag, und er musste dabei nicht viel tun, aber ich brauchte Extrastunden, damit ich nicht so sehr wie ein kaputter Roboter aussah.«

Jennifer Lawrence wurde für Cooper so etwas wie eine Traumpartnerin, da beide als Team besonders gut harmonierten. So kam es, dass sie innerhalb kürzester Zeit noch in zwei weiteren Filmen gemeinsam vor der Kamera stehen sollte, in *American Hustle* und *Serena*. In Interviews sprachen beide so überschwänglich voneinander, dass die Klatschmedien ihnen bald eine Affäre andichteten. Als er im Interview mit der Zeitschrift *US* darauf angesprochen wurde, sagte Cooper: »Oh mein Gott, das ist ja sehr lustig – nein, um Gottes willen. Wir haben bereits zwei Filme miteinander gedreht, und wenn es bisher noch nicht passiert ist, wird es nie passieren.

Fotocall beim Toronto International Filmfestival, September 2012 (v.l.: Bradley Cooper, Regisseur David O. Russell, Jackie Weaver, Anupam Kher, Jennifer Lawrence und Chris Tucker)

Ich könnte ihr Vater sein! Kleiner Scherz. Nein, da liegen Sie völlig falsch. Ich liebe sie über alles, sie ist ein fantastischer Mensch. Aber – nein.«

Silver Linings lief Weihnachten 2012 in den USA an, einen Monat später kam er in Deutschland in die Kinos. Mit einem geschätzten Budget von etwa 21 Millionen Dollar spielte der Film weltweit 236 Millionen ein und übertraf damit alle Erwartungen. Nicht nur das Publikum liebte den Film, sondern auch die Filmkritiker. So bezeichnete *Die Zeit* den Film als eine »der originellsten romantischen Komödien der letzten Jahre«, Filmkritiker Roger Ebert von der *Chicago Sun-Times* fand ihn »so gut, dass er einem wie ein fantastischer alter Klassiker vorkommt«, und die Zeitschrift *Variety* lobte Russells Händchen dafür, ein so sperriges Thema als Komödie aufzuziehen: »David O. Russell, der sich nie davor scheut, Komik aus den ungewöhnlichsten Quellen zu schöpfen, behandelt psychische Krankheit, Eheprobleme und die heilenden Kräfte des Football mit erfrischend scharfem und zufriedenstellendem Ergebnis.«

Obwohl *Silver Linings* von der mächtigen Weinstein Company produziert worden war, hatte man den Film als kleinere Independent-Produktion vermarktet. »Die Veröffentlichung war zunächst begrenzt«, verriet Bradley gegenüber der *New York Times*. »Wir hatten beschlossen, den Film sich selbst vermarkten zu lassen, weil wir dies für das beste Marketing-Werkzeug hielten.« Diese Rechnung sollte aufgehen: Seit dem Kinostart im November 2011 nahmen die Zuschauerzahlen langsam, aber stetig zu. »Der Film spricht sich rum – zu unserem Glück in einem unglaublichen Maß«, so Cooper.

Dass der Film letztendlich so erfolgreich werden würde, hätten Bradley Cooper und alle Beteiligten nie zu träumen gewagt. »Ich habe gelernt, dass es naiv ist, etwas Bestimmtes in dieser Branche zu erwarten«, gab er gegenüber *deadline.com* zu. »Aber ich mochte den Film wirklich sehr, wir alle waren so begeistert von ihm. Natürlich haben wir gehofft, dass er ankommen würde. Und letztendlich war die beste Werbung für *Silver Linings* der Film selbst.«

Der Film wurde nicht nur vom Publikum und den Kritikern begeistert aufgenommen, sondern fand auch viel Anerkennung in der Filmbranche. So kam es, dass er im Januar 2013 insgesamt für vier Golden Globes nominiert wurde, darunter Bradley Cooper als bester Hauptdarsteller. Leider ging er leer aus, im Gegensatz zu seiner Kollegin Jennifer Lawrence, die als beste Hauptdarstellerin ausgezeichnet wurde.

Wenn ein einziger Film mit so vielen Nominierungen in die Golden Globes geht, ist das meist schon ein Zeichen dafür, dass es bei der folgenden Oscarverleihung nicht anders aussehen wird – und so sollte es für *Silver Linings* auch kommen. Insgesamt wurde der Film achtmal für die begehrte Goldtrophäe nominiert, konnte aber bei der Zeremonie am 24. Februar 2013 in Beverly Hills auch nur einen Sieg in einer Kategorie davontragen – wieder mal Jennifer Lawrence als beste Hauptdarstellerin. Bradley Cooper musste sich seinem Helden Daniel Day-Lewis für dessen Darbietung in dem Film *Lincoln* geschlagen geben.

Mit *Silver Linings* hatte Cooper endgültig alle Kritiker überzeugt, dass er ein seriöser und vor allem talentierter Schauspieler war. Besonders wichtig für die beeindruckende Darbietung in *Silver Linings* war laut Cooper, dass er sich in jener Zeit in einer relativ düsteren und wütenderen Lebensphase befand, was seiner Meinung nach noch Nachwirkungen auf den Tod seines Vaters waren. Nach eigenen Angaben hatte er sich das nötige Selbstbewusstsein für *Silver Linings* zuvor in einer Rolle geholt, die ihm ebenfalls einiges abgefordert hatte – in dem Film *The Place Beyond the Pines* von Derek Cianfrance. Die Dreharbeiten zu dem Film hatten bereits im Sommer 2011 stattgefunden, also noch vor *Silver Linings*.

»Ich hatte kurz zuvor die Arbeit an *The Place Beyond the Pines* beendet, ein sehr düsteres Krimi-Drama mit Ryan Gosling, das mich emotional so extrem beansprucht hat wie noch keine Rolle zuvor«, sagte er im Gespräch mit dem *SPIEGEL*. »Und das hat sicher sehr viel dazu beigetragen, dass ich bereit war für *Silver Linings*. Manchmal ist es gut, eine Pause zu haben. Aber manchmal auch besser, wenn die Maschine noch läuft. Dadurch hatte ich das nötige Selbstvertrauen.«

Die Dreharbeiten zu *The Place Beyond the Pines* fanden nördlich von New York statt. In einem Interview mit dem Wall Street Journal im Juli 2011 sagte Cooper: »Ich bin gerade in Schenectady und be-

»The Place Beyond the Pines« (2012): Bradley Cooper als Cop Avery Cross (Szene oben mit Eva Mendes)

Cooper über seine Rolle in »The Place Beyond the Pines«: »Ich hasste die Figur … Aber Derek und ich arbeiteten sehr hart an Avery, und wir machten ihn ein wenig komplizierter, menschlicher und auch mehrdeutiger.«

reite mich auf einen Film namens *Place Beyond the Pines* vor von dem *Blue Valentine*-Regisseur Derek Cianfrance. Ich mache hier ein wenig Recherche, ich gehe jeden Tag zum Polizeirevier und fahre mit Beamten nachts Streife. Das war bisher sehr aufschlussreich. … Es ist schon faszinierend. Mein Großvater war ein Cop, und ich wuchs im Umfeld von Polizisten auf. Auch mein Onkel ist ein Cop. Die Polizistenkultur war mir also definitiv nicht unbekannt. Aber es gibt tatsächlich einen Unterschied zwischen diesem Wissen und dem, was tatsächlich während dieser Streifefahrten passiert – wenn man fremde Häuser betritt, weil es dort zu Handgreiflichkeiten gekommen ist, oder wenn man auf der Wache sitzt und mit diesen Jungs zusammen ist, sie kennenlernt, sich mit ihnen unterhält und ihre Geschichten erfährt. Was ich gelernt habe, ist unbezahlbar.« Die Dreharbeiten begannen im Juli 2011, und Cooper stieß Anfang August hinzu.

Regisseur Cianfrance hatte zwei Jahre zuvor mit *Blue Valentine* (mit Ryan Gosling und Michelle Williams) einen großen Kinoerfolg gelandet. Über die erste Begegnung mit dem Regisseur sagte Cooper: »Was mich in erster Linie zu dem Projekt zog, war Ryan Gosling, weil ich ein großer Fan von ihm bin und es immer mein Traum war, mit ihm zusammenzuarbeiten. Und als Derek mit mir sprechen wollte wegen einer Rolle in dem Film, lernte ich auch ihn kennen

Szene aus »The Place Beyond the Pines«: Ryan Gosling (links) spielt den Stuntfahrer Luke, der Banken überfällt und schon bald vom Polizisten Avery gejagt wird

und dachte nur: Mann, dieser Typ ist ja echt unglaublich!«

In *The Place Beyond the Pines* spielt Gosling den ziellosen tätowierten Luke, der auf einem Jahrmarkt als Stuntfahrer arbeitet. Als er mit seiner Show wieder mal in der Stadt Schenectady haltmacht, trifft er auf Romina (Eva Mendes), mit der er im Jahr zuvor ein Verhältnis hatte. Luke erfährt von ihr, dass er Vater eines Sohnes ist, und sofort hängt er seinen Job an den Nagel und will sich um den Jungen kümmern. Allerdings fehlen ihm die finanziellen Mittel, und so beschließt er, Banken auszurauben, um seinen Sohn finanziell abzusichern. Schon bald trifft er auf den Polizisten und Familienvater Avery Cross (Bradley Cooper), und das Leben der beiden und ihrer Söhne verändert sich innerhalb kürzester Zeit dramatisch. In einer weiteren Rolle ist noch Hollywoodstar Ray Liotta (*Goodfellas*) als korrupter Polizeibeamter zu sehen.

Über die Rolle des Cops Avery sagte Cooper: »Sie war schon sehr intensiv. Und das war auch der Grund, warum ich zuerst sehr gezögert hatte, diese Rolle anzunehmen. Ich hasste die Figur, die ich spielen sollte. Aber Derek und ich arbeiteten sehr hart an Avery, und wir machten ihn ein wenig komplizierter, menschlicher und auch mehrdeutiger. Ich würde sagen, dass daraus schließlich die komplizierteste Figur wurde, die ich jemals in einem Film gespielt habe, ohne Frage. ... Es war verdammt kompliziert, sich in ihn hineinzuversetzen. Er traf viele Entscheidungen, die ich persönlich nicht nachvollziehen konnte, also musste ich mir einen Weg suchen, um in diese Rolle hineinzufinden und das alles zu untersuchen … vielleicht hatte ich Angst davor, diese Dinge in mir zu finden. Ich hatte wohl noch nie so viel Angst vor einer Figur wie vor Avery.«

The Place Beyond the Pines ist besonders bestechend wegen der herausragenden Leistungen der Darsteller. Über Cooper sagte Regisseur Cianfrance: »Ich fand, [Bradley] warf sich so sehr in seine Performance, genauso wie Ryan und Eva. In diesem Film wird der Dirigierstock von einem Schauspieler zum nächsten weitergegeben, und ich brauchte unbedingt jemanden, der ihn von Ryan übernehmen konnte. Bradley meisterte diese Herausforderung mit Bravour.« Beide Schauspieler taten alles, um dem Film die nötige Intensität zu verpassen, wie zum Beispiel bei den Stunts. »Bradley machte seine Stunts, und auch Ryan machte vieles selbst. *Blue Valentine* wurde gelobt für seine aufrichtige Darstellung von Sexualität. Für *Pines* wollte ich dasselbe mit den Stunts haben, gerade wegen des kriminellen Elements in dem Film. All die Verfolgungsjagden sind echt, wir sind nicht durch schnelle Schnitte auf Nummer sicher gegangen.«

Mit seiner Rolle in *The Place Beyond The Pines* war Cooper jedenfalls definitiv nicht auf Nummer sicher gegangen. Er spielt einen wieselartigen, von Problemen gequälten Typen, der schließlich die Hauptfigur des Films erschießt. »Wer würde in einem Film schon den Typen spielen wollen, der Ryan Gosling ermordet? In dem Film sieht Ryan Gosling unglaublich sexy aus, muskelbepackt, tätowiert – ein supercooler Außenseiter, der zum Bankräuber wird und die meiste Zeit des Films ein Baby im Arm hält. Und ich – meine Figur, dieser Cop, der seine Kollegen belügt und anschwärzt – taucht nach 45 Minuten im Film auf und knallt Ryan Gosling ab! Ich liebe Ryan, es war mir eine Ehre, mit ihm zu arbeiten. Er gehört zu den besten Schauspielern Amerikas, außerdem ist er ein verdammt netter Kerl. Jedenfalls war ich mir, was meine Rolle anging, zuerst überhaupt nicht sicher.«

Cooper musste erst einmal in sich gehen und diesen Zwiespalt klären. Er erkannte, dass er bisher auf Nummer sicher gegangen war und gern glatte Typen und Herzensbrecher gespielt hatte. »Ich hatte Probleme damit, diese Figur töten zu müssen. Aber dann dachte ich, dass es ein erstklassiges Beispiel für eine dieser Rollen war, die ich mir selbst immer einbläute, spielen zu müssen. War ich dazu nun also bereit?« Auch Regisseur Cianfrance hatte zunächst Bedenken, ob Cooper der Richtige für die Rolle war. »Ehrlich, wenn mir jemand, bevor ich Bradley kennengelernt habe, gesagt hätte, dass er der Richtige für diese Rolle sei, hätte ich demjenigen nicht geglaubt.«

Die Struktur des Films ergab, dass Gosling und Cooper nur in dieser einen Szene, dem Schusswechsel, aufeinandertreffen. Diese wurde innerhalb von zwei Tagen in einem Haus in Schenectady gedreht, wobei die beiden Schauspieler es ihrer Darbietungen zuliebe vorzogen, sich vorher nicht kennenzulernen. Der Regisseur sagte: »Ryan sitzt im Obergeschoss des Hauses mit seiner blauen Arbeiterhose, raucht Zigarette und ist verängstigt, und dann ist da Bradley, der Cop, auf der anderen Seite des Hauses. Sie sind sich bisher noch nicht begegnet. Sie reden nicht ein Wort miteinander … Beide sind angespannt, weil sie wissen, was in dieser Szene auf dem Spiel steht. Sie repräsentieren diese zwei unterschiedlichen Mannestypen, und alles dreht sich um deren Kollision. Es war so, als würde man zwei Alphawölfen dabei zusehen, wie sie sich beriechen und mustern, ohne dabei in Augenkontakt zu bleiben. Das war verdammt intensiv.«

Auch für die Crew war dieser radikale Bruch während der Dreharbeiten nicht einfach, wie Cianfrance verriet. »Man muss bedenken, dass die Crew die letzten 22 Tage mit Ryan verbracht hat und auch zum großen Teil schon mit mir und Ryan an *Blue Valentine* gearbeitet hatte. Sie lieben ihn. Und dann taucht plötzlich Bradley Cooper auf. Natürlich bürge ich für ihn, aber trotzdem lag ein merkwürdiges Gefühl in der Luft … Aber am Ende hatte Bradley die gesamte Crew für sich gewonnen, und ich hatte gewusst, dass er es schaffen würde.« Nach dem Ende der gemeinsamen Dreharbeiten sprachen Gosling und Cooper auch miteinander. »Als wir fertig waren«, so Cianfrance weiter, »war alles gut, sie respektierten sich und verstanden sich prima und so weiter. Dann verabschiedeten wir Ryan in den Sonnenuntergang und konzentrierten uns auf Bradleys Weg hinab ins Herz der Finsternis.«

Generell war *Pines* ein recht mutiger und sperriger Film, der nicht unbedingt für ein Mainstreampublikum gemacht war. Bradley sagte: »Der Film ist definitiv schwer zu vermarkten, weil man dem Publikum nicht die Tatsache verraten will, dass dessen Held getötet wird – man will ja, dass die Leute ins Kino kommen. Man will den Film auch besonders machen, also bringt man mehr Gewalt ein. Ich bin mir da nicht so sicher. Ich beneide diejenigen nicht, die den Film vermarkten mussten.«

Der Film lief im Frühjahr 2013 weltweit in den Kinos an und wurde von den Medien größtenteils gefeiert. Vor allem waren die Kritiker begeistert davon, dass sich in dem Werk keiner der Schauspieler in den Vordergrund spielte. Über die Anfangsszene, in der Ryan über den Jahrmarkt läuft, ohne dass man sein Gesicht sieht, schrieb *Die Welt*: »Es gehört Mut dazu, einen Star dermaßen zu entgesichtlichen. Cianfrance kann sich das erlauben, weil es schon ihr zweiter gemeinsamer Film ist und Gosling das Axiom des neuen Startums besser begriffen hat als die meisten Kollegen: Du bist nichts ohne einen außergewöhnlichen Regisseur … Aber Ryan Gosling lässt das mit sich geschehen und übergibt das Zentrum des Films einem weiteren Alphatier des jungen Hollywood, Bradley Cooper, und der wiederum muss im letzten Drittel zwei Unbekannten die Zügel in die Hand geben. Dies widerspricht allen Gesetzen des Starkinos, aber Cianfrance bringt das Kunststück fertig, seinen Stars eine Bühne zu bieten und doch der Geschichte die Hauptrolle zu belassen.«

Die Erfolge von *Silver Linings* und *The Place Beyond the Pines* hatten Bradley Cooper als feste Hollywoodgröße etabliert. Was er nun noch ablegen musste, war der Ruf als Frauenschwarm und Womanizer – eine Aufgabe, die alles andere als leicht war.

ALFONSE SIMONE

KAPITEL 7

AMERICAN HUSTLE

MEHR ALS NUR EIN FRAUENSCHWARM

Was Bradley Coopers Image als Schauspieler anging, waren die Filme *Silver Linings* und *The Place Beyond the Pines* ein erfolgreicher Befreiungsschlag gewesen. Aber trotzdem klebte der Ruf des Hollywoodschönlings wie Pech an dem Schauspieler. Zum großen Teil lag das natürlich an den Rollen, die er zu Beginn seiner Karriere gespielt hatte, andererseits auch daran, dass Cooper immer wieder mit Frauengeschichten in den Medien auftauchte. Zuerst war es die Beziehung zu Hollywoodstar Renée Zellweger gewesen, über die in den Klatschmedien ausgiebig spekuliert wurde – weder Cooper noch Zellweger hatten sich öffentlich dazu geäußert. Dann tauchte die Geschichte auf, Cooper hätte Zellweger mit Jennifer Lopez betrogen, was laut Cooper auch nur eine Zeitungsente war.

2012 trennte er sich von seiner damaligen Freundin, der Schauspielerin Zoë Saldaña, und wieder mal hieß es in den Medien, die Beziehung sei gescheitert, weil Cooper Affären mit anderen Frauen gehabt habe. Über die Jahre hinweg wurden ihm Techtelmechtel mit Stars wie Angelina Jolie, Cameron Diaz, Taylor Swift sowie jedem weiblichen Co-Star, mit dem er vor der Kamera gestanden hatte, nachgesagt.

»Ich weiß, dass es in den Klatschzeitungen Berichte über mich mit anderen Schauspielerinnen gibt, die völlig erfunden sind«, sagte Bradley im Interview mit der britischen Ausgabe der *GQ*. »Zum Beispiel mit Olivia Wilde – wir hatten eine gemeinsame Leseprobe für einen Film, und dann war sie zufällig auch am nächsten Abend bei einer Preview-Vorstellung von *Hangover 2*, und plötzlich hieß es, wir seien ein Paar.«

In einem anderen Interview sprach er über die angebliche Beziehung mit *The Social Network*-Darstellerin Rashida Jones. »Ich war vor Kurzem abends im Soho House in Los Angeles, und ich glaube, Rashida Jones war auch dort, die ich allerdings nicht gut kenne. Sie ging zu einem der Tische, an dem Harvey Weinstein saß, und auch ich war zufällig dort, um Harvey zu begrüßen. Und dann hieß es plötzlich: Bradley Cooper und Rashida Jones: Läuft da was? Ich dachte nur: Meine Güte – wir haben uns nicht einmal angesehen!«

Gerüchte wie diese können auch karriereschädlich sein, wie Cooper weiß. »Eigentlich sind diese Meldungen komplett harmlos, da sie zu 90 Prozent erfunden sind«, sagte er. »Einerseits ist es natürlich extrem schmeichelhaft, mit all diesen Frauen in Verbindung gebracht zu werden. Zum Problem wird es nur, wenn diese Nachrichten dafür sorgen, dass Filmemacher mich nicht ernst nehmen. Wenn ein Regisseur fragt: ›Ist das nicht dieser Playboy?‹, wäre das schon sehr unglücklich – weil daran nichts Wahres ist.«

Dass er vom renommierten *People Magazine* Ende 2011 zum »Sexiest Man Alive« gewählt wurde, war nicht wirklich hilfreich dabei, endlich das Image des Frauenhelden abzulegen. Trotzdem fand er die Auszeichnung, die unter anderem schon an Johnny Depp, George Clooney, Hugh Jackman sowie Coopers *Zum Ausziehen verführt*-Kollege Matthew McConaughey gegangen war, irgendwie auch schmeichelhaft, wie er im Interview mit *E! Online* zugab: »Ich dachte erst, dass man mich veräppeln wollte. Aber dann

dachte ich: ›Meine Mutter wird so glücklich sein!‹ ... ich finde es echt cool, dass ein Typ, der nicht wie ein Model aussieht, diesen Titel bekommen kann. Ich halte mich für einen ganz gewöhnlich aussehenden

»ABER ICH SEHE MICH NICHT ALS FRAUENTYP – AUCH WENN ICH FRAUEN SEHR GERN MAG!«

Kerl. Manchmal sehe ich tatsächlich ganz gut aus, dann wiederum kann ich auch absolut schrecklich aussehen ... Ich bin ein 36-jähriger Mann. Wenn man in diesem Business Single ist, wird man leicht als Aufreißer dargestellt. Aber ich sehe mich nicht als Frauentyp – auch wenn ich Frauen sehr gern mag!«

Weiter sagte er: »Ich bin jetzt in einem Alter, in dem ich mir über solche Dinge einfach keine Gedanken mehr mache, was echt toll ist. Dann bekam ich diese Auszeichnung, wodurch ich erst einmal erkannte, wie unsexy ich eigentlich bin. Ich erlebe oft Momente wie beim Verlassen eines Raumes – wenn ich die Tür öffne und gehe –, wo ich denke: Das hätte ich jetzt auch viel schwungvoller machen können. Das war nicht sehr sexy.«

Trotz der ganzen Medienaufmerksamkeit, die Bradley Cooper seit *Hangover* und der Oscarnominierung für *Silver Linings* genoss, versuchte er weiterhin, ein relativ gewöhnliches Leben zu führen. Hier zeigte sich wieder deutlich der Einfluss seines Vaters – bescheiden bleiben und sich auf das konzentrieren, was wichtig ist. Selbst die Oscarnominierung, ein absoluter Beweis dafür, dass er es als Schauspieler geschafft hatte, stieg ihm nicht zu Kopf. »Diese ganze Erfahrung hat Spaß gemacht und war toll, aber ich versuche immer, die Kirche im Dorf zu lassen«, so Cooper in der *GQ*.

Über die Oscarnominierung sagte er: »Das war surreal. Natürlich wusste ich, dass ich nicht gewinnen würde. Aber am Abend der Verleihung geschah etwas Lustiges: Obwohl ich wusste, dass ich absolut chancenlos war, sauste mir in der Millisekunde, in der sie den Umschlag öffneten und den Namen verkündeten, der Gedanke durch den Kopf: ›Moment mal. Es könnte passieren, es ist möglich. Eine 1:5-Chance, nicht wahr?‹ Und in genau diesem Augenblick halten sie die Kameras auf dich. Und plötzlich musst du der Tatsache ins Auge sehen, dass du das, was du sowieso nicht bekommen hättest, nicht bekommen hast. Bei genau dieser Reaktion halten die Kameras genau auf dein Gesicht.«

Abgesehen von der Zeit, als sein Vater starb und er in Philadelphia wohnte, verbrachte Cooper die meiste Zeit in Los Angeles. Aber als Zuhause konnte er seinen kalifornischen Wohnsitz dennoch nicht so recht betrachten, wie er gegenüber *NiagaraFallsReview.ca* zugab: »Mir kommt es gar nicht wie mein Zuhause vor. Mein Beruf hat tatsächlich etwas Nomadenhaftes. Filmschauspieler sind die Schausteller der heutigen Zeit.«

Finanziell hatte er sich mit den *Hangover*-Filmen ein gutes Polster verschafft – so sollen es für seine Rolle in *Hangover 2* etwa fünf Millionen Dollar gewesen sein. Cooper ist sich bewusst, dass er Filme wie *Silver Linings* oder *The Place Beyond the Pines* nur machen konnte, weil er finanziell auf sicherem Boden stand. »Alles hat sich verändert«, sagte er. »Mein ganzes Leben hat sich auf den Kopf gestellt, finanziell, logistisch und auch künstlerisch. Finanzielle Sicherheit ist in dieser Branche definitiv ein Bonus. Man beginnt seine Karriere mit dem Wissen, dass es wahrscheinlich nie passieren wird. Die Tatsache, dass ich es geschafft habe, ist unglaublich. Dadurch konnte ich mir die Freiheit nehmen, andere Filme zu machen, mit denen man nicht unbedingt Geld verdient. Und genau das habe ich zwischen den *Hangover*-Filmen getan.«

Außerdem eröffneten sich für Bradley auch Möglichkeiten, von denen er nie zu träumen gewagt hätte. So war sogar Hollywoodlegende Steven Spielberg an einer Zusammenarbeit mit ihm interessiert. Im Interview mit dem *SPIEGEL* sagte Cooper: »Wenn man bei einem profitablen Film mitgespielt hat, den fast jeder kennt, gelingt es einem auf einmal, sich mit Leuten zu einer Besprechung zu verabreden, die einem vorher kaum die Tür geöffnet hätten. Das ist schon klasse.« Leider wurde aus dem besagten Projekt nichts, aber Cooper hofft weiterhin darauf, irgendwann einmal mit dem bekannten Hollywoodregisseur zu arbeiten.

Seit seiner Jugend war Cooper schon verrückt nach Filmen gewesen, und nicht nur die schauspielerische Seite hatte ihn interessiert. So schaute er bei jedem Dreh auch genau zu, wie Regisseure oder Kameramänner ihre Arbeit machten. Außerdem hatte er nach seinem plötzlichen Reichtum sich die Freiheit genommen, selbst als Filmproduzent aktiv zu werden. Zusammen mit *Hangover*-Regisseur Todd Phillips gründete er die Produktionsfirma 22 & Indiana Pictures, benannt nach der Adresse, wo sein Vater in Philadelphia aufgewachsen war. Wenn der viel beschäftigte Schauspieler mal ein wenig Freizeit genoss, schwang er sich auf sein Motorrad und fuhr durch die Gegend. »Ich liebe Motorräder«, sagte er in der Zeitschrift *Esquire*. »Ich fahre eher sehr langsam. Es stimmt schon, wenn die Leute sagen, Motorradfahren ist Therapie für Arme. Was mir daran besonders gefällt, ist, dass man einen freien Kopf bekommt. Außerdem kommt man überall schnell hin, da man in Kalifornien an Autoschlangen vorbeifahren darf. Und in Hollywood gibt es so viele Paparazzi, da ist es allein in logistischer Hinsicht schon sehr reizvoll – man bleibt unerkannt, da man einen Helm trägt.«

Zu jener Zeit tauchte Bradley Cooper auf so ziemlich jedem Zeitschriftencover auf und wurde als größtes Hollywoodtalent der heutigen Zeit gefeiert. Um bei diesen Lorbeeren nicht abzuheben, fand Cooper eine hilfreiche Methode, wie er gegenüber *Details.com* sagte. »Wenn du anfängst, ein wenig größenwahnsinnig zu werden, geh einfach ins Internet und sieh dich für fünf Sekunden auf irgendwelchen Messageboards um. Ich tue das nicht oft, aber wenn, dann bringt es mich gleich wieder auf den Boden der Tatsachen zurück. ... Zuallererst lass mich sagen: So etwas zu tun, ist unglaublich narzisstisch. Und masochistisch. Du willst dich scheiße fühlen? Boom – so einfach ist das. Für mich ist dieses Business die reinste Erziehung in Bescheidenheit. Man wird ständig mit Ablehnung konfrontiert. Auf meinem Weg hat es niemanden gegeben, der mir den Hintern geküsst hat.«

Cooper ist nach wie vor der Meinung, dass die Schauspielerei ein Job ist und dass er sich deshalb mit allen Facetten dieser Branche beschäftigen muss, auch mit den negativen Seiten. »Ich gehöre zu den Leuten, die immer alles wissen wollen. Die Schauspielerei und das Filmemachen sind eine Kunstform, klar, aber es ist auch mein Job. So verdiene ich mein Geld. Ich will und muss auch all den negativen Mist wissen. Deshalb umgebe ich mich mit Leuten, die ehrlich zu mir sind ... Mit meinem Agenten arbeite ich schon seit geraumer Zeit zusammen, und es hat auch eine gewisse Zeit gebraucht, aber jetzt gehen wir sehr offen miteinander um. Ich muss nicht beschützt werden. Ich muss wissen, was in Wirklichkeit los ist. Er braucht mir keinen Bullshit zu erzählen. Nach einem Treffen mit einem Regisseur kann er mich anrufen und sagen: ›Der hasst dich, er sagt, du kannst nichts.‹ Oder wenn ich versuche, ein Meeting mit einem Regisseur zu arrangieren, sagt er vielleicht: ›Er ist kein Fan von dir. Er will dich nicht mal treffen.‹ Das tut weh, aber es wirft mich nicht komplett aus der Bahn. Ich weiß auch, dass Leute ihre Meinung ändern, so wie ich auch.«

»WENN WIR TATSÄCHLICH ZURÜCKKOMMEN WÜRDEN NACH DER GANZEN MARKETINGKAMPAGNE UM ›DAS ENDE‹, WÜRDEN WIR JA WIE DIE GRÖSSTEN IDIOTEN ALLER ZEITEN DASTEHEN.«

Aber auch Stars wie Bradley Cooper müssen den ein oder anderen Rückschlag hinnehmen. So hatte er auf eine Rolle in dem Film *The Wolf of Wall Street* gehofft, bei dem Kultregisseur Martin Scorsese Regie führte und Leonardo DiCaprio die Hauptrolle spielte. Leider war kein Platz für Cooper in dem mit Stars gespickten Film, sodass sein Traum, mit Scorsese zu arbeiten, nicht in Erfüllung ging.

Ein weiteres Projekt, das ihm sehr am Herzen lag, aus dem allerdings aus finanziellen Gründen nichts wurde, war *Das verlorene Paradies*, ein Film basierend auf jenem Gedicht von John Milton, von dem Cooper seit seinem Studium ein großer Fan war. Die Rolle des Luzifer wäre für Cooper eine Traumrolle gewesen, allerdings gab er auch zu, dass die Zeit dafür einfach nicht reif war. »Ich möchte Luzifer immer noch spielen, aber ich bin froh, dass es jetzt nicht geklappt hat. Das Projekt war noch nicht so weit, und man will ja auch nichts übers Knie brechen. Und wenn es so weit gewesen wäre, hätte ich nicht *Silver Linings* und *The Place Beyond the Pines* machen können. Vielleicht stimmt es wirklich, dass alles aus einem bestimmten Grund passiert.«

Im Herbst 2012 standen für Bradley erst einmal die Dreharbeiten für den dritten Teil von *Hangover* an. Von Anfang an waren sich Regisseur Phillips wie auch die Darsteller einig, dass dieser Film der letzte der Reihe sein sollte. In einem Interview mit den drei Darstellern Cooper, Helms und Galifianakis mit dem *SPIEGEL* sagte Helms zu diesem Thema: »Erst mal wollen wir alle, dass das zu Ende geht, weil sich das aus kreativer Sicht schlüssig anfühlt. Und wenn wir tatsächlich zurückkommen würden nach der ganzen Marketingkampagne um ›das Ende‹, würden wir ja wie die größten Idioten aller Zeiten dastehen.«

Auch wenn er mittlerweile ernstere Filme vorzog, freute sich Cooper auf die Arbeit an dem Film. »Komödien interes-

Grande Finale: In »Hangover 3« kehren Alan, Phil und Stu noch einmal nach Las Vegas zurück, wo die Geschichte begonnen hatte

sieren mich absolut immer noch«, sagte er. »Ich finde auch, dass sich vieles vermischt. So sehr *Silver Linings* auch ein Drama war, hatte der Film für mich auch eine Menge Komik. Und als wir ihn gedreht haben, war uns das auch völlig bewusst. In einer perfekten Welt haben die besten Dramen auch eine bestimmte Leichtigkeit.«

In *Hangover 3* gibt es dieses Mal keinen kollektiven Blackout. Phil, Stu und Doug erleben, dass ihr Kumpel Alan nach dem Tod seines Vaters mental völlig neben sich steht, und so wollen sie ihn davon überzeugen, sich in psychologische Behandlung zu begeben. Auf dem Weg dorthin passieren wieder allerlei chaotische Dinge, ausgelöst durch die Erlebnisse in den ersten beiden Filmen. Letztendlich führt der Weg der vier Freunde zurück dorthin, wo die Geschichte begonnen hat: nach Las Vegas.

»Im zweiten Film gab es keine Einheit unter den Freunden mehr«, so Cooper. »Alle versuchten, ihren Weg in einem fremden Land zu gehen. Sie haben sich nur noch angeschrien, nichts hat mehr geklappt. Im dritten Teil geht es darum, Alan zu helfen und füreinander da zu sein. Es gibt viel mehr Szenen, in denen die Jungs zusammen im Auto durch die Gegend fahren. Im zweiten war das anders, er war so chaotisch, und es gab diese ruhigen Momente am Straßenrand nicht.«

Weiter sagte er: »Für *Hangover 3* wieder in Las Vegas zu sein, brachte einerseits

Szene aus »Hangover 3«: Dieses Mal ist es Alan (3.v.l.), dem die Jungs aus der Klemme helfen müssen

wieder ein wenig Frische, andererseits aber auch die Vertrautheit zurück – wieder dort zu sein, wo alles angefangen hat.«

Cooper war nach wie vor überwältigt vom Erfolg der Kinoreihe und haderte offenbar doch noch ein wenig mit dem endgültigen Ende der Geschichte. »Faszinierend ist ja nicht nur, dass wir drei Filme über diese Typen gemacht haben – drei! Total irre!«, sagte er im *SPIEGEL*. »Insofern könnte man wohl locker noch einen vierten oder fünften Teil drehen, und wahrscheinlich wäre ich sogar dabei … Aber nee: Das war's. Aus und vorbei!«

Coopers nächstes Projekt führte ihn zurück zu Regisseur David O. Russell, mit dem er so erfolgreich bei *Silver Linings* zusammengearbeitet hatte. Auch Jennifer Lawrence und Robert De Niro waren wieder mit von der Partie, und so konnte man fast das Gefühl bekommen, dass Cooper eine familiäre Umgebung braucht,

»INSOFERN KÖNNTE MAN WOHL LOCKER NOCH EINEN VIERTEN ODER FÜNFTEN TEIL DREHEN, UND WAHRSCHEINLICH WÄRE ICH SOGAR DABEI … ABER NEE: DAS WAR'S. AUS UND VORBEI!«

um Erfolg zu haben. »Ich bekenne mich schuldig, immer wieder mit denselben Leuten zusammenzuarbeiten«, sagte er lachend. »Das ist auch mein Ziel: einen künstlerischen Kreis zu schaffen, mit dem die Arbeit reibungslos klappt. Egal welche Epochen in der Kunst, die wahrlich

Wie einst die Beatles auf der Abbey Road: Alan, Stu, Doug und Phil auf dem Las Vegas Strip

explodiert sind, man sich anschaut, sie sind von Menschen geprägt worden, die immer wieder zusammengearbeitet haben. Nehmen wir Scorsese und De Niro – es geht immer nur um die Paarung und die Gruppierungen. Ich freue mich riesig, dass David O. Russell wieder einen Film mit mir machen wollte.«

Russells neuestes Werk, der Film *American Hustle,* spielt Ende der 70er in New York und handelt von Irving Rosenfeld (Christian Bale), einen Mann, der im sogenannten »Bullshit Business« tätig ist: Er macht Geldgeschäfte und zieht dabei seine Geschäftspartner über den Tisch. So hat er mit dem Geld anderer Leute ein Vermögen erwirtschaftet und kann deshalb seiner Frau Rosalyn (Jennifer Lawrence) und seinem Sohn ein luxuriöses Leben ermöglichen. Irving ist glatt wie ein Aal, sodass er noch nie Probleme mit Geschäftspartnern oder den Behörden bekommen hat.

Das ändert sich schlagartig, als Irving sich mit der geldgierigen Geschäftsfrau Sydney Prosser (Amy Adams) einlässt, die auch zu seiner Geliebten wird. Durch ihre Unachtsamkeit gerät FBI-Agent Richie DiMaso (Bradley Cooper) auf Irvings Spur, der ihm und Sydney einen Deal vorschlägt: Wenn sie bei der Aufdeckung weiterer Betrugsfälle helfen, würde sich dies mildernd auf ihre Strafe auswirken. Irving, der seiner Familie seine Betrügereien bisher verschwiegen hat, lässt sich deshalb schweren Herzens auf den Deal ein und entwickelt einen gewagten Plan: Ein vermeintlicher Scheich, der sein Geld in den USA investieren will, soll als Köder dienen, um die Finanzbetrüger aus der Reserve zu locken. Dadurch werden ungeplant viele Hebel in Bewegung gesetzt, und plötzlich ist nicht nur der Bürgermeister der Stadt Camden, der viele hochrangige Freunde im Kongress und Senat hat, in die Sache verstrickt, sondern auch die Mafia, und das ganze Spiel droht dem Betrüger Irving über den Kopf zu wachsen.

Die Geschichte basiert auf der wahren Geschichte einer FBI-Geheimoperation im Jahr 1979, bei der erfolgreich Korruptionsfälle in höchsten politischen Kreisen bekämpft wurden. Im Zuge dieser Aktion konnten fünf Kongressabgeordnete und ein Senator wegen Bestechung und Verschwörung verhaftet werden.

Auch wenn der Film auf wahren Begebenheiten beruht, entwickelte Regisseur

Szene aus »Hangover 3«: Phil, Stu und Doug begleiten Alan zur Beerdigung seines Vaters

Russell gänzlich neue Figuren für die Geschichte. Über die Entstehung des Projekts sagte Cooper gegenüber der *L.A. Times*: »Ich weiß noch genau, wann ich mit dem Projekt in Berührung kam. Es war während der Postproduktion von *Silver Linings*. Damals verbrachten wir fast jeden Tag zusammen. Während der Nachbearbeitung von *Silver Linings* war der Bund zwischen uns noch stärker als beim Dreh. Ich wollte nicht, dass es vorbei war. Dann fiel David diese Geschichte in die Hände … und diese Figur Richie ließ uns nicht mehr los.«

Der Weg zur fertigen Figur Richie DiMaso war laut Cooper ein sehr langer. »Ich würde behaupten, dass die Figur aus dem Originaldrehbuch von Eric Singer komplett anders ist als der Richie DiMaso, den wir im Film sehen. Hauptsächlich wollten wir einen Widersacher schaffen, der im Idealfall so farbenfroh oder auf seine Weise so interessant wie die Figuren Irving Rosenfeld oder Edith Greensly oder Rosalyn sein würde. Wir wollten keinen Typen haben, den man vielleicht schon mal in einem anderen Film gesehen hat.«

Weiter sagte er: »Eine der ersten Sachen, die wir machten, war, mein Äußeres so zu verändern, dass ich mit nichts anderem in Verbindung gebracht werden konnte, und so kamen wir auf die Lockenfrisur. Das war eine Art Einstiegsluke in die Figur, und später kamen noch besondere Angewohnheiten hinzu.« Coopers auffälliges Äußeres in diesem Film bedeutete allerdings, dass er zweieinhalb Tage in pinkfarbenen Lockenwicklern unter einer altmodischen Wellenhaube ausharren musste. »Das war schon verrückt«, sagte er. »Ich habe jetzt definitiv mehr Verständnis für diejenigen, die für längere Zeit im Make-up-Trailer ausharren müssen. Normalerweise gehe ich nur kurz hinein und bin gleich wieder draußen. Aber dieses Mal war ich länger als alle anderen drinnen, was kaum zu glauben ist, wenn man das Aussehen der anderen betrachtet.«

Von Anfang an war klar, dass Richie kein klischeehafter FBI-Ermittler sein würde. Die Figur entwickelte sich zu einem relativ sympathischen, völlig überforderten kleinen Wicht mit einigen merkwürdigen Eigenschaften – so kaute er beispielsweise ständig auf seiner Zunge herum. Zur Vorbereitung auf die Figur sagte Cooper: »David schickte mir einiges an Material,

Interessante Frisur: Bradley Cooper als FBI-Agent DiMaso kommt dem Gauner Irving Rosenfeld (Christian Bale, rechts) auf die Spur

das ich mir ansehen sollte. Auf YouTube gibt es Filme über den wahren Bluff aus den 70ern. Dort sieht man Anthony Amoroso [ein Undercover-FBI-Agent], und es kam mir so vor, als hätte er eine Dauerwelle gehabt. In Wirklichkeit hatte er das nicht, aber ich rief David an und sagte: ›Was hältst du davon, wenn dieser Typ eine Dauerwelle trägt?‹ Es war bloß eine Idee, und David sagte: ›Oh ja! Der Typ lässt sich eine Dauerwelle machen, weil er wie dunkelhäutige Baseballspieler wie Dock Ellis sein will.‹ Dann zeigte er mir Bilder vom wahren Dock Ellis, der sogar Lockenwickler auf der Ersatzbank trug.«

Cooper sagte weiter: »Bei der Arbeit an Richie entdeckten wir, was für ein bockiges Kind in ihm steckte, dieser Typ, der unbedingt mit den coolen Kids abhängen und ein richtiger Mann sein will. Deshalb ändert er auch sein Aussehen. Er will Wirtschaftskriminelle unbedingt zur Strecke bringen, weil seine eigene Familie zu den Opfern von Wirtschaftskriminalität zählt. Aber er ist emotional überhaupt nicht imstande, mit dieser Geschichte umzugehen ... Richie ist wie ein Kind. Sein Verhalten, wenn er die Möglichkeit zur Wahl hat, ist wie bei einem Achtklässler. Als er sich an Amy auf dem WC heranmacht, sie gegen die Wand drückt und ihr Kleid hochschiebt, lässt er sie plötzlich los und sagt: ›Ich mag dich.‹ Und wenn er zu seinem Vorgesetzten Stoddard spricht, klingt das eher so: ›Bitte, Dad ... bitte!‹«

Szene aus »American Hustle« (2010 - v.l. Christian Bale, Amy Admas und Bradley Cooper)

Im Fall von Coopers Figur DiMaso wollten Russell und Cooper sicherge-hen, einen mindestens genauso starken und komplexen Charakter wie Haupt-figur Irving Rosenfeld zu schaffen. »Das war unser Ansatzpunkt«, so Cooper. »Al-les kam nach und nach zusammen, und plötzlich stießen wir auf diesen Typen, Richie DiMaso, im Grunde ein 15-jähriger Junge, der mit den coolen Kids abhängen will und große Ziele hat, allerdings nicht reif genug ist, um mit all dem umzuge-hen. Er ist immer noch sehr unschuldig. Ich habe es geliebt, diese Figur zu spie-len. Ich würde sagen, es war die schöns-te Rolle, die ich bisher gespielt habe, und ich habe schon einige wundervolle Men-schen spielen dürfen.«

Auf die Frage, ob in Cooper auch ein wenig von DiMaso stecke, sagte er: »Ich bin definitiv ehrgeizig. Aber ich denke, ich bin viel geduldiger als er. Auch er ist ehrgeizig, aber er ist im Grunde noch ein Kind, und darüber hinaus auch sehr naiv. Deshalb tut er mir am Ende ein wenig leid. Ich fühle mit Richie. Er ist eigentlich überhaupt kein schlechter Kerl. Er ver-sucht einfach nur, unter dem Stein her-vorzukriechen, unter dem er sich seiner Meinung nach befindet.«

Im Interview mit ABC lobte Bradley Regisseur Russells Händchen für ausgefeil-te, interessante Figuren. Er sagte: »[David] ist als Mensch sowie als Filmemacher ein-fach brillant. Natürlich gibt es in diesem Film viele Wendungen in der Geschichte, was an der Natur der Geschichte liegt, aber im Grunde wird alles durch diese starken Figuren zusammengehalten. Dadurch wird der Film intelligent, durch die Geschichte dieser fein ausgearbeiteten Figuren.«

Die Hauptdarsteller aus »American Hustle« (v.l.): Amy Adams, Bradley Cooper, Jeremy Renner, Christian Bale und Jennifer Lawrence

Die Dreharbeiten für *American Hustle* begannen im Frühjahr 2013 in Boston. Jennifer freute sich, wieder mit Bradley Cooper vor der Kamera zu stehen, mit dem sie sich seit *Silver Linings* angefreundet hatte. »Oftmals muss man, wenn man mit jemandem einen Film dreht, diesen Menschen erst einmal kennenlernen«, sagte sie im Interview mit der *Vanity Fair*.

»Wir beide hatten aber schon zusammengearbeitet. Wir kennen uns mittlerweile schon so gut, es war sehr einfach, einfach loszulegen.«

Wieder gab es in dem Film eine Tanzszene für Cooper, aber dieses Mal durfte er seine Künste auf dem Parkett mit Amy Adams zur Schau stellen. Wie so viele Szenen in diesem Film kam auch diese in letzter Minute zusammen, wie Cooper verriet: »Für diese Szene hatten wir gerade mal sechs Stunden Drehzeit. Sie kam spontan zustande, Amy und ich hatten darüber nachgedacht, als wir zusammen in Davids Büro tanzten. Er kam gerade hinein und sagte: ›Ihr solltet eine Tanzszene in dem Film haben.‹ Also machten wir daraus die Szene, in der wir beinahe

Szene aus »American Hustle«: Richie DiMaso (Cooper) und Sydney Prosser (Amy Adams) auf dem Weg ins Studio 54

Sex miteinander haben, auf dem Klo im Studio 54. ... Wir machten die Szene in vielerlei Hinsicht aus dem Stegreif.«

Weiter sagte er: »Wenn man mit David arbeitet, weiß man, dass eine Szene nie ganz abgedreht ist. Man weiß nie, welche Richtung sie plötzlich nimmt, und die noch so kleinste Szene kann zum tiefgründigsten Moment des Films werden.«

Die Dreharbeiten zu *American Hustle* mussten im April 2013 außerplanmäßig für eine Woche unterbrochen werden, da es in Boston zu einem schrecklichen Anschlag gekommen war. Zwei Attentäter hatten an der Strecke des Boston Marathon quer durch die Innenstadt Rucksäcke mit Sprengladungen platziert und diese zur Explosion gebracht. Drei Menschen, darunter ein achtjähriger Junge, kamen ums Leben und 264 wurden zum Teil schwer verletzt. »Wir drehten gerade in Worcester [außerhalb von Boston], daher waren wir selbst nicht in unmittelbarer Gefahr«, erklärte Cooper gegenüber *NiagaraFallsReview.ca*. »Aber wir ließen die Produktion einen Tag lang ruhen, um der Aufforderung der Behörden nachzukommen, während der Suche nach den Attentätern nicht das Haus zu verlassen.«

Die Bomben waren an einem Ort detoniert, wo die Crew wenige Tage zuvor noch Aufnahmen gemacht hatte. Gegenüber MTV sagte Regisseur Russell: »Wir hatten wenige Tage zuvor genau dort gedreht, wo die Bomben explodiert waren, und wir konnten es gar nicht glauben.« Da

Fotocall bei den Internationalen Filmfestspielen in Berlin, Februar 2013 (v.l.): »American Hustle«-Produzenten Matthew Budman und Charles Roven, Bradley Cooper, Regisseur David O. Russell und Christian Bale

auf der Suche nach den Attentätern die ganze Stadt von der Polizei abgeriegelt wurde, war eine Fortsetzung der Dreharbeiten eine Woche lang nicht möglich, und so besuchten während dieser Zeit einige der Schauspieler Opfer des Anschlags im Krankenhaus. ... Die Menschen in Boston und der Zusammenhalt in der Stadt bewegten uns sehr, vor allem wie stark und mitfühlend jeder war.«

Auch Cooper hatte die Opfer besucht, unter anderem einen Mann namens Jeff Bauman, der beim Attentat beide Beine verloren und bei der Identifizierung der Täter geholfen hatte sowie eine Frau namens Celeste Corcoran, die ebenfalls Gliedmaßen verloren hatte und deren Tochter schwer verletzt wurde. Über diese Begegnung sagte er: »Ich lernte Jeff und Celeste kennen sowie zahlreiche weitere wundervolle und tapfere Menschen. ... Es war faszinierend zu sehen, wie die Stadt reagierte, und es war ein Privileg, dabei zusehen zu dürfen. Jede Stadt der Welt dürfte sich Notizen gemacht und Ideen geholt haben für den Fall, dass sie sich selbst mal in solch einer Situation befinden würden. Die Opfer- und Verletztenzahlen wären sicherlich weitaus höher gewesen, wenn es anderswo passiert wäre.«

American Hustle feierte seine Premiere am 13. Dezember 2013 in den USA, bevor er weltweit im Januar 2014 im Kino anlief. Russells Film, der auch an den Kinokassen ein großer Erfolg wurde, kam auch bei den Kritikern äußerst gut an. So schrieb die *ZEIT*: »Die wahre Geschichte hinter Russells Filmplot ist schon so verrückt, dass sie erfunden scheint. Er fügt ihr noch einen Dreh hinzu, einen weiteren Betrug im Betrug – und doch hat man zu keiner Sekunde Schwierigkeiten, die Skepsis hintanzustellen. Das liegt an zwei überragenden Qualitäten dieses Films, die ihn zu Recht zum Kandidaten für die meisten Oscars machen. Er ist erstens ein visueller Rausch, der einen von Szene zu Szene mitreißt. … Das Ensemble, und das ist die zweite Stärke von *American Hustle*, lässt eine unbändige Freude am Spiel mit den Täuschungen spüren.«

Bei den Golden Globes im Januar 2014 wurde das Werk sieben Mal nominiert und insgesamt mit drei Golden Globes ausgezeichnet, darunter Jennifer Lawrence als beste Nebendarstellerin. Bei den Oscars ging *American Hustle* mit unglaublichen zehn Nominierungen ins Rennen, und wie bei *Silver Linings* war der Film für alle Schauspieler-Oscars – Bester Haupt- und Nebendarsteller, Beste Haupt- und Nebendarstellerin – nominiert. Somit war Jennifer zum dritten Mal innerhalb von vier Jahren in die engere Auswahl für die begehrte Trophäe gekommen, und das mit gerade mal 23 Jahren. Kurioserweise ging *American Hustle* bei den Oscars jedoch komplett leer aus – in keiner der zehn Kategorien konnte der Film einen Preis einfahren.

American Hustle war der dritte Film, in dem Cooper zusammen mit Robert De Niro vor der Kamera stand. Die Zusammenarbeit der beiden klappte so gut, dass daraus mittlerweile eine enge Freundschaft entstanden war. Gegenüber der *FAZ* sagte Cooper: »Wir sind heute gut befreundet, und er hat mir vieles beigebracht. Freu dich an dem, was du hast, weil nichts lange währt. Genieß die Arbeit, etwas anderes haben wir nicht. Und steh dir selbst nicht im Weg. Wenn du versuchst, eine Szene zu erzwingen, bist du in deinem Kopf. Lass die Dinge geschehen und vertraue darauf, dass das reicht. Was für eine Lektion.«

Cooper kann es heute noch nicht so recht fassen, dass einer der berühmtesten Hollywoodstars zu seinen Freunden zählt – als Jugendlicher hatte *Zeit des Erwachens* mit De Niro und Robin Williams in den Hauptrollen zu Coopers absoluten Lieblingsfilmen gehört. Der Schauspieler war seinem Idol jedoch schon mal begegnet, und zwar als Bradley noch im Actors Studio seine Ausbildung machte. De Niro war als Gastsprecher zu einer Vorlesung eingeladen worden, und Cooper hatte ihm damals sogar eine Frage stellen dürfen. »Meine Beziehung zu De Niro, meine Verbindung zu ihm bestand schon vorher … jedenfalls sehe ich das so *(lacht)*. Der erste Film mit ihm, den ich sah, war *Wie ein wilder Stier*, und bevor ich ihn kennenlernte, dachte ich immer: ›Meine Güte, seine Hände sind genauso wie die meines Großvaters.‹ Ich wusste gar nicht, dass er halb irisch und halb italienisch war – schließlich bin ich auch irisch-italienischer Abstammung. Er erinnerte mich so sehr an meine Familie. Ich verspürte immer eine echte emotionale Verbindung zu ihm. Er war einer der ersten Schauspieler, die mich zum Weinen gebracht haben. Dann bekam ich die Chance, ihn in natura zu erleben, als er 1998 Gastredner an unserer Schauspielschule war. Ich bekam sogar die Chance, ihm eine Frage zu stellen.«

Zu Beginn von Coopers Schauspielkarriere ergab sich sogar der Zufall, dass beide von derselben Agentur vertreten wurden, wodurch sie sich wieder das eine oder andere Mal über den Weg liefen. »Irgendwann nahm ich ein Tape mit mir auf für eine mögliche Rolle in einem Film, wo ich seinen Sohn hätte spielen können. Er sah diese Aufnahme, und ich hatte sogar die Möglichkeit, ihn in seinem Hotelzimmer zu treffen. Wir unterhielten uns etwa 15 Minuten lang, aber er sagte mir gleich, dass ich wohl nicht für die Rolle geeignet sei, machte mir aber trotzdem Mut … Dann war ich Juror beim Tribecca Film Festival, wo wir uns wieder begegneten und sogar ein gemeinsames Abendessen hatten. Am Tisch hatte ich ihn angesprochen: ›Hey Mr De Niro, wir haben uns letztes Jahr schon kennengelernt, als ich Ihnen eine Aufnahme von mir gegeben habe‹ und so weiter. Er fragte: ›War das für *This Boy's Life*?‹, und ich nur: ›Nein, da wäre ich erst zwölf gewesen …‹ Ich dachte nur, er hat absolut keinen blassen Schimmer, wer ich bin. Das ist schon eine tolle Hollywoodstory. Merkwürdig, wie sich seitdem alles verändert hat.«

Im Interview mit der *GQ* sagte Cooper: »Ja, das ist immer noch alles ziemlich verrückt, diese Robert-Sache ist so einzigartig, für mich gar lebensverändernd. Ich spreche mit ihm und sende ihm ein- oder zweimal pro Woche eine SMS, wir sehen uns etwa einmal im Monat. Ich liebe diesen Mann und würde alles für ihn tun. Ich betrachte ihn nicht als Ikone, sondern als Freund. Und es ist keine einseitige Beziehung, so als wäre ich dieser Grünschnabel, der ihn anbetet, und er denkt sich nur: ›Wer ist dieser dämliche Typ?‹ Das ist eine verdammt echte Freundschaft. Einfach unglaublich!«

De Niro selbst spricht über seinen jungen Kollegen und Freund auch in höchsten Tönen. Er sagte: »[Bradley] ist ein toller Kerl. Er hat ein unglaubliches Talent – sein Timing, seine Hingabe an seine Arbeit. Er ist ein sehr kluger Mann. Vielleicht war er zuvor ein wenig unterschätzt, aber man wird ja immer anhand der Arbeit, die man macht, bewertet. Ich wusste immer, dass er dieses Können in sich hatte. Ich hatte nie irgendwelche Zweifel.« De Niro bestätigte sogar, dass Bradley und er an einem gemeinsamen Film arbeiteten, bei dem Cooper nicht nur mitspielen, sondern auch Regie führen will – das Projekt mit dem Arbeitstitel *Honeymoon with Harry* steht jedoch noch in den Startlöchern.

So unglaublich seine Freundschaft mit einem der größten Hollywoodstars aller Zeiten ist, so unglaublich war auch Bradley Coopers sprungartiger Aufstieg zum ernst zu nehmenden Schauspieler. Wenn der Name des Schauspielers fiel, fragte niemand mehr: »Ist das nicht der Typ aus *Hangover*?«

Bradley hatte es bis nach ganz oben geschafft, mit Ausdauer, ein wenig Glück, aber vornehmlich mit beeindruckenden Darbietungen, die ihm innerhalb von zwei Jahren zwei Oscarnominierungen eingebracht hatten – und schon bald sollte eine dritte folgen.

KAPITEL 8

AMERICAN SNIPER

WIEDER AUF OSCAR-KURS

Im März 2013 wurde bekannt, dass Bradley Cooper eine neue Frau an seiner Seite hatte – das englische Model Suki Waterhouse. Dass Suki 17 Jahre jünger als Bradley ist, war natürlich ein gefundenes Fressen für die Klatschpresse, und so folgten zahlreiche Berichte darüber, dass der Womanizer wieder erfolgreich zugeschlagen habe. Cooper selbst äußerte sich nicht dazu, und auch Waterhouse gab offen gegenüber der Presse zu, dass sie kein Interesse daran habe, über Bradley in der Öffentlichkeit zu sprechen. »Ich gehöre nicht zu den Mädels, die ständig über ihren Freund quatschen. Ich glaube, was immer ich darüber sagen würde, klänge irgendwie seltsam. Aber in Wirklichkeit würde ich, wenn ich anfangen würde über ihn zu sprechen, wahrscheinlich kein Ende finden. Und ich will eigentlich gar nicht über ihn sprechen.« Auch die Kommentare, die über sie und den Schauspieler im Internet abgelassen wurden, ließen sie offenbar kalt. »Ich versuche, mir diese Sachen nicht anzuschauen. Wenn 200 Leute online irgendwas kommentieren, ist das in Wirklichkeit vielleicht gerade mal ein Körnchen Sand am großen Strand der Menschlichkeit – wen interessiert es?«

Für Bradley Cooper ging es beruflich jedenfalls Schlag auf Schlag weiter. Nach dem Erfolg von *American Hustle* gönnte sich der Schauspieler keine Pause und legte gleich mit einem großen Blockbuster nach. Mit dem Actionstreifen *Guardians of the Galaxy*, basierend auf der gleichnamigen Comicreihe, verschlug es Cooper zum ersten Mal seit *Das A-Team* wieder in das Actiongenre. Auch wenn »Actionfilm« nach viel körperlicher Anstrengung für einen Schauspieler klingt, konnte Bradley es in diesem Falle etwas ruhiger angehen – er lieh der computeranimierten Figur Rocket Racoon seine Stimme.

In dem Film von Regisseur James Gunn geht es um einen Mann namens Peter Quill (Chris Pratt), der als Kind in den 80er-Jahren von der Erde entführt wurde. Mittlerweile ist er in der Galaxie als Star-Lord bekannt und hält sich für den größten Outlaw des Weltraums. Als er eine geheimnisvolle Kugel stiehlt, wird er plötzlich von dem Bösewicht Ronan the Accuser (Lee Pace) gejagt, der die Kugel unbedingt haben will, um Herrscher des Universums zu werden. Um sich gegen Ronan und seine Männer aufzulehnen, muss Quill sich unfreiwillig mit einem Quartett von ungleichen Außenseitern zusammentun: Dazu gehören der Waffennarr Rocket (gesprochen von Bradley Cooper), der Baummensch Groot (gesprochen von Vin Diesel), die mysteriöse Gamora (Zoë Saldaña) sowie der aufbrausende Drax the Destroyer (Dave Bautista). Peter entdeckt schließlich, welche Gefahr von der Kugel ausgeht, und muss sein ungleiches Team anführen, um die Galaxie vor Ronan zu retten.

Coopers Figur ist ein großmäuliger Waschbär, der sich allein durchs Universum schlägt und keine Freunde hat. Hauptdarsteller Chris Pratt sprach in einem Interview mit *Access Hollywood* über Coopers Sprechrolle und sagte: »Man denkt, es ist bloß eine Sprechrolle, aber das stimmt nicht, er ist eine sehr echte Figur. [Rocket Raccoon wurde] sein Leben lang gequält, und niemand mag ihn. Er ist einsam und wütend, er ist ein sehr vielseitiger Charakter. [Bei einer animierten Figur] vergisst man das schnell. Aber deshalb hat man ja einen wirklich guten Schauspieler engagiert, der die Rolle mit Leben füllt.«

Weiter sagte er: »Ich freue mich riesig, dass Bradley Cooper Rocket Raccoon seine Stimme leiht, weil es eine tolle Figur ist, wahrscheinlich die beste im ganzen Film, weil sie nicht das ist, was man erwartet.«

Bradley Cooper hatte zunächst Bedenken, dass sein jüngster Hollywooderfolg dazu führen könnte, dass man ihn bei diesem Projekt mit Samthandschuhen anfassen würde. »Ich versuchte gleich am Anfang, ein paar Grundregeln aufzustellen. Ich sagte zu [Regisseur Gunn]: ›Hör mal, du brauchst mir nichts durch die Blume zu sagen, sondern sag mir gleich offen und ehrlich, was du von mir erwartest.‹ Und er sagte nur: ›Hast du irgendetwas anderes von mir erwartet?‹ Er ist echt ein toller Kerl.«

Einer der Gründe, warum Cooper sich zu dieser Rolle so hingezogen fühlte, war die Tatsache, dass der Name der Figur so ähnlich klang wie einer seiner Lieblingssongs der Beatles. Gegenüber MTV sagte Cooper: »Das ist schon ein wenig verrückt – *Rocky Raccoon* ist eines meiner absoluten Lieblingslieder. Aus irgendeinem Grund packt es mich jedes Mal, wenn ich es höre … Als ich die Rolle des Rocket Raccoon schließlich angenommen hatte, unterhielt ich mich mit James Gunn und sagte: ›Das erinnert mich immer an *Rocky Raccoon* – ist es nicht verrückt, dass ich jetzt eine Figur namens Rocket Raccoon spiele?‹ Er verriet mir, dass der Song tatsächlich als Inspiration für die Figur diente. Ich weiß nicht, ob das stimmt, aber wenn, ist das schon ein absoluter Wahnsinnszufall!«

Der Film, der im Sommer 2014 weltweit in den Kinos anlief, wurde zu einem Riesenerfolg. Er spielte über 770 Millionen Dollar ein und gehörte mit *The Avengers* und *Der Hobbit* zu den drei erfolgreichsten Filmen des Jahres 2014. Aufgrund des Erfolges wurde auch gleich eine Fortsetzung in Auftrag gegeben, die im Mai 2017 in die Kinos kommen soll.

Im Herbst 2014 lief schließlich ein Film an, den Bradley Cooper bereits knapp zwei Jahre zuvor abgedreht hatte und in dem er wieder mal mit seiner alten Bekannten Jennifer Lawrence zu sehen war. Der Streifen mit dem Titel *Serena* war von der dänischen Regisseurin Susanne Bier 2012 gedreht worden, konnte aber aufgrund des vollen Terminplans der beiden Hauptdarsteller erst 2014 fertiggestellt werden. *Serena* spielt während der Weltwirtschaftskrise Anfang der 30er-Jahre in den USA. Das frisch verheiratete Ehepaar George und Serena Pemberton (Cooper und Lawrence) zieht nach North Carolina und steigt dort erfolgreich ins Holzgeschäft ein. Serena ist eine starke Frau, die sich in ihrem stark von Männern geprägten Umfeld sehr gut behaupten kann, worauf ihr Mann stolz ist. George hat einen Sohn aus einer früheren Beziehung, möchte mit Serena aber weitere Kinder. Als sich herausstellt, dass diese unfruchtbar ist, wird Serena eifersüchtig auf Georges Sohn und schmiedet einen Plan, ihren Mann für immer von seiner Vergangenheit zu trennen.

Der Film lief etwa zur selben Zeit an wie Jennifer Lawrence' neuester Blockbuster *Die Tribute von Panem – Mockingjay: Teil 1*, gegen den *Serena* nicht den Hauch einer Chance hatte. Susanne Biers Werk ging nicht nur an den Kinokassen unter, sondern erhielt auch größtenteils negative Kritiken. Die meisten Rezensenten hielten den Film für überaus schwerfällig, altmodisch und kitschig und sprachen die Befürchtung aus, dass Bradley und Jennifer nun in die Fußstapfen von Tom Hanks und Meg Ryan als Schmonzetten-Darsteller treten würden. Immerhin äußerten sich die meisten Kritiker positiv zur schauspielerischen Leistung der beiden Darsteller.

Nach diesem etwas ungewöhnlichen Abstecher in seichtere Liebesfilmgewässer war Cooper als Nächstes wieder in einer ganz besonderen Rolle zu sehen, und zwar als Hauptdarsteller in Clint Eastwoods neuestem Werk *American Sniper*. Der Film basiert auf wahren Begebenheiten und handelt vom Leben des Navy-SEAL-Scharfschützen Chris Kyle, der im Laufe seines Arbeitslebens für die US-Streitkräfte in verschiedenen Krisengebieten tätig war und offiziell über 150 Menschen erschossen hat.

Für Cooper war es eine besondere Erfahrung, mit der Hollywoodikone Clint Eastwood zusammenzuarbeiten. Eastwood ist bereits seit den 50er-Jahren als Schauspieler tätig und hatte mit Filmen wie *Zwei glorreiche Halunken* (1966), *Spiel mir das Lied vom Tod* (1968), *Dirty Harry* (1971) und *Flucht von Alcatraz*

»Serena« (2014): Herzschmerz mit Bradley Cooper und Jennifer Lawrence als Ehepaar George und Serena Pemberton

(1979) Filmgeschichte geschrieben. Seit Beginn der 80er hatte Eastwood vermehrt auch Regie geführt und unter anderem oscarprämierte Werke wie *Erbarmungslos* (1992) und *Million Dollar Baby* (2004) gedreht.

In Eastwood sah Cooper nicht nur einen brillanten Schauspieler und Filmemacher, sondern auch eine Art Vaterfigur, wie er gegenüber der New York Times zugab: »Ich würde lügen, wenn ich nicht behaupten würde, dass die Arbeit mit Clint sich anfühlt, als würde ich mit meinem Vater abhängen. Sie sind sich sehr ähnlich, wie sie sich verhalten, wie sie sich in ihrer Haut wohlfühlen, wie zuversichtlich sie sind und wie locker sie sind, was man bei den meisten Männern heutzutage vermisst.«

Eastwood war für ihn so etwas wie ein Mentor – eine Rolle, die der Hollywoodveteran gern annahm. »Ich sehe mich selbst in ihm in bestimmten Phasen meiner Karriere«, sagte Eastwood. »Bradleys Arbeitsmoral ist einmalig, und er hat eine Konzentrationsgabe, die ungewöhnlich ist. Ich denke, er macht dieser Generation von Schauspielern alle Ehre. Generell sind diese Schauspieler viel ernster als die meiner Generation, aber ich würde sagen, er ist an erster Stelle auf der Liste.«

Auf die Rolle des Navy-SEALs Kyle, laut Cooper seine »bisher anspruchsvollste Rolle«, bereitete sich der Schauspieler besonders akribisch vor. Zunächst nahm er mit dem wahren Chris Kyle Kontakt auf, der sich zunächst dagegen sträubte, dass

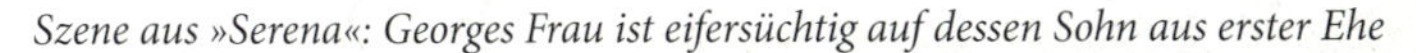

Szene aus »Serena«: Georges Frau ist eifersüchtig auf dessen Sohn aus erster Ehe

sein Leben verfilmt werden sollte. »Ich habe nur ein Mal mit ihm gesprochen«, sagte er im Interview mit der Zeitung *tz*. »Unsere Verhandlungen mit ihm begannen im Februar 2011. Er konnte sich nicht entschließen, sein Buch verfilmen zu lassen. Da habe ich vorgeschlagen, ihn anzurufen. [Ich sagte ihm,] dass ich seine Angst vor Hollywood verstehe. Dass ich ihn im rechten Licht darstellen werde. Und dass ich ihn besuchen würde.« Dazu kam es allerdings nicht mehr, da Kyle Anfang 2013 auf einem Schießübungsplatz von einem ehemaligen, offenbar psychisch labilen Irak-Veteranen erschossen wurde.

Nach diesem schrecklichen Vorfall besuchte Cooper das Haus der Familie Kyle und lernte Kyles Ehefrau und dessen Kinder kennen. »Ich bin in sein Haus gegangen, habe in demselben Stuhl gesessen, in dem er immer beim Abendessen saß. Ich habe Zeit mit seinen Kindern verbracht, seinen Eltern und seiner Frau. Teya Kyle war eine große Hilfe. Sie hat mir all die Videos gezeigt, die sie vom Familienleben aufgenommen hatte. Stunden und Stunden von Videos.«

Für die Rolle musste Cooper einiges an Muskeln zulegen, was für den eher schmächtigen Darsteller eisenhartes Training bedeutete. »Sein Vater sagte: ›Du siehst ihm kein bisschen ähnlich‹ und ›Du musst eine Menge Gewicht zulegen‹. Ich habe ihm versichert, dass ich mein Bestes versuchen werde. Keine leichte Sache. Ich wog damals 185 Pfund und Chris 240. [Also habe ich] 6.000 Kalorien am Tag reingehauen und jeden Tag zwei Mal für eineinhalb Stunden Gewichte gestemmt. Ich habe italienische Vorfahren und esse und koche gerne. Aber 6.000 Kalorien sind eine andere Größenordnung. Man hatte mich gewarnt, dass das Essen schwerer sein würde als die Ge-

»American Sniper« (2014): Bradley Cooper als US-Navy-Scharfschütze Chris Kyle (Szene mit Jake McDorman, rechts)

wichte. Es stimmte. Die ersten beiden Wochen ist mir schlecht geworden. Mein Bauch war aufgebläht und ich konnte mich kaum noch hinlegen. Mein Körper war in Schock. ... [Aber] ich brauchte das, um selbst zu glauben, dass ich Chris war. Es verändert dein Leben, mit einer solchen Statur durch die Welt zu laufen. Die Leute behandeln dich ganz anders. Man hat mich nicht mehr erkannt, und ich muss gestehen, dass ich mich als beeindruckenden Kerl empfunden habe.«

Für den Film ließ Cooper sich von zwei professionellen Schützen ausbilden, die auch schon Chris Kyle das Schießen beigebracht hatten. »Erst wurden nur Platzpatronen geladen, aber dann musste ich mit echter Munition auf Zielscheiben schießen«, so Cooper. »Am Ende konnte ich jederzeit aus 500 Meter Entfernung ins Schwarze treffen.« Darüber hinaus arbeitete er mit einem Stimmcoach, um den Akzent des wahren Chris Kyle so genau wie möglich nachzuahmen, und traf sich mit ehemaligen Armeeangehörigen, die in Krisengebieten gekämpft hatten. »Ich habe Veteranen schon immer gewürdigt, aber absolut nicht klar war mir, wie sehr deren Familienleben unter dieser Belastung leidet«, sagte er im Interview mit dem *People Magazine*.

In dem Film ist Cooper neben Eric Close (bekannt aus der Serie *Without a Trace – Spurlos verschwunden*) zu sehen, der einen CIA-Agenten spielt. Gegenüber *E! Online* äußerte sich Close sehr positiv über seinen Kollegen Cooper. »Er hat fast 20 Kilo zugelegt«, sagte er. »Er hat sehr hart gearbeitet. Und er sieht fantastisch aus. Er ist komplett in diese Figur eingetaucht ... Diese Geschichte ist ihm persönlich sehr wichtig, und er will einen guten Job machen, damit Chris für seine Familie in guter Erinnerung bleibt.«

Szene aus »American Sniper«: Kyle peilt sein Ziel an (Szene mit Luke Grimes, links)

Der Film lief Ende Dezember 2014 in den USA in den Kinos an und konnte gleich am Startwochenende bereits die Produktionskosten von knapp 70 Millionen Dollar wieder einspielen. Die Kritiker überschlugen sich mit Lob für den Film, vor allem für Bradley Coopers Darbietung. So schrieb die *USA Today*: »Dies ist ganz klar Coopers Show. Schwer muskulös und mit einem glaubwürdigen texanischen Akzent verkörpert Cooper Kyles Selbstbewusstsein, Ausstrahlung und Verletzbarkeit.« Die *Variety* schrieb: »Dank der exzellenten Darbietung von einem körperlich stark veränderten Bradley Cooper liefert diese erschütternde und intime Charakterstudie ungeschönte Einblicke in die körperlichen und psychologischen Tribute, die an der Frontlinie gefordert werden.«

Allerdings führte der Film auch zu Diskussionen, ob es rechtens sei, jemanden als Helden zu feiern, der über 150 Menschen auf dem Gewissen hat. Viele fragten sich, ob Eastwoods Werk nun ein Kriegs- oder Antikriegsfilm sei und ob er nicht bloß blinden Patriotismus in den USA fördere. Eastwood selbst sagte, dass er mit dem Film nicht politisch Partei ergreifen, sondern ganz einfach nur zeigen wollte, was der Krieg aus Menschen macht.

Dem Erfolg tat diese Diskussion jedenfalls keinen Abbruch – Ende Januar 2015 hatte der Film bereits über 200 Millionen Dollar allein in den USA eingespielt. Zu jener Zeit wurde auch bekannt gegeben, dass *American Sniper* für sechs Oscars nominiert wurde, unter anderem Bradley Cooper als »Bester Schauspieler«, für den die Nominierung eine große Ehre war. »Natürlich ging es mir sehr nahe, als ich meinen Namen hörte«, so Cooper im *People Magazine*. »Ich dachte nur: ›Gott sei Dank‹, weil ich das Gefühl hatte, die Rolle hätte das verdient. Ich hoffte einfach, meinen Job gut genug gemacht zu haben, damit die Academy erkennt, dass diese Geschichte es wert ist.«

Cooper trat gegen namhafte Darsteller wie Benedict Cumberbatch, Michael Keaton, Steve Carell und Eddie Redmayne an, und gegen letzteren und dessen Darbietung in dem Film *Die Entdeckung der Unendlichkeit* musste Cooper sich letztendlich geschlagen geben. Lediglich in der Kategorie »Bester Tonschnitt« konnte *American Sniper* seine Konkurrenten hinter sich lassen und einen Oscar einfahren.

Nach den Dreharbeiten zu *American Sniper* gönnte Cooper sich erst einmal eine kurze Auszeit von der Filmerei und erfüllte sich einen großen Wunsch. Im Herbst 2014 kehrte er auf die Theaterbühne zurück, und zwar in seiner Lieblingsrolle – als John Merrick in der Broadway-Aufführung von *Der Elefantenmensch*. Das Stück, das ihn seit seiner Kindheit begleitet hatte und für ihn so prägend war, sollte ab November über 14 Wochen lang im Booth Theater in New York City aufgeführt werden. »Ich fühle mich auf gewisse Weise gereinigt «, sagte er in der *New York Times* über die Erfahrung. »Ich fühle mich erfüllt und entspannt. Es hat etwas Therapeutisches, Merrick jeden Tag zu spielen, jeden Tag in ihm zu wohnen.«

Wie lange Coopers Abstecher auf die Theaterbühne noch dauern wird, ist unklar – im Januar 2015 wurde bekannt gegeben, dass die Aufführung im Frühjahr jenes Jahres nach London umziehen soll.

Bradley Cooper mit »American Sniper«-Regisseur und Kultschauspieler Clint Eastwood in Beverly Hills, Februar 2015

Was Coopers nächste Filmprojekte betraf, so hatte er Ende 2014 bereits einen weiteren Streifen abgedreht, und zwar *Aloha* von Erfolgsregisseur Cameron Crowe (*Jerry Maguire – Spiel des Lebens*). Bei dem Film handelt es sich um eine Komödie, in der Bradley neben renommierten Hollywoodstars wie Emma Stone, Rachel McAdams, Bill Murray, John Krasinski, Danny McBride und Alec Baldwin zu sehen sein wird. Der Film dreht sich um den erfolgreichen Mitarbeiter einer Militärfirma (Cooper), der zur Überwachung des Starts eines Militärsatelliten zu einer Air-Force-Basis nach Hawaii geschickt wird und sich dort in eine strenge Militärpilotin (Emma Stone) verliebt. Der Film soll Ende Mai 2015 in den USA und im Herbst in Deutschland anlaufen.

Des Weiteren hat Bradley Cooper die Arbeit an dem Film *Adam Jones* von Regisseur John Wells fertiggestellt. Darin ist der Schauspieler unter anderem neben Sienna Miller, Daniel Brühl, Emma Thompson und Uma Thurman zu sehen und spielt einen Koch, der sich ein Team mit erfahrenen Gastronomiearbeitern zusammenstellt, um das beste Restaurant aller Zeiten zu eröffnen. Für diese Rolle hatte Cooper sich von dem angesehenen britischen Koch Marcus Wareing die nötigsten Handgriffe in der Küche zeigen lassen, um seine Figur so überzeugend wie möglich herüberzubringen. Gegenüber CateringInsight.com sagte Wareing über das Training mit dem Schauspieler: »Bradleys Schauspieltalent ist einfach unglaublich – wie er aufmerksam beobachtete, was ich tat, wie er zuhörte, und es dann einfach so nachmachte. Ich dachte nur: Wow, bei echten Köchen dauert es manchmal Jahre, bis sie das, was ich ihnen zeige, verinnerlicht haben.« Der Film *Adam Jones* soll im Herbst 2015 seine Premiere in den USA feiern.

Darüber hinaus steht für den Schauspieler eine weitere Zusammenarbeit mit David O. Russell an, dieses Mal für den Film *Joy* über die Unternehmerin Joy Mangano, die zu einer der erfolgreichsten Unternehmerinnen der USA wurde. Bei dem Projekt trifft Bradley wieder auf Jennifer Lawrence und Robert De Niro, die Dreharbeiten sollen im Sommer 2015 beginnen.

Ein anderes Filmprojekt, mit dem Cooper in Verbindung gebracht wird, ist das amerikanische Remake der deutschen Erfolgskomödie *Kokowääh*. Der Film von und mit dem deutschen Kinostar Til Schweiger war in Deutschland ein großer Erfolg gewesen, und so hatte sich Coopers Produktionsfirma 22 & Indiana die Rechte für die USA gesichert. Wann und ob etwas aus diesem Vorhaben wird, steht noch offen.

Was seine Zukunft in der Filmbranche angeht, so hat Bradley Cooper nicht vor, ewig nur als Schauspieler zu arbeiten. Er hat beschlossen, sich »als nächsten Karriereschritt« als Regisseur zu versuchen, wie er gegenüber der *New York Times* zugab: »Irgendwann werde ich es tun müssen, oder ich werde zu einem komplett unausstehlichen Typen.« Bisher habe er sich, so sagt er selbst, nicht an diese Aufgabe herangetraut. »Ich werde hoffentlich endlich meinen Arsch hochbekommen und mich der Angst stellen, weil ich unbedingt mal bei einem Film Regie führen möchte. Ich habe es bisher einfach nur noch nicht getan.«

Im Gespräch mit dem *SPIEGEL* ging er genauer auf das Thema ein und betonte, dass er nicht ausschließlich nur als Regisseur arbeiten, sondern auch weiterhin gern vor der Kamera stehen würde. »Das schließt sich doch nicht aus«, sagte er. »Je stärker mich die Regisseure einbeziehen, desto mehr Spaß macht mir die Arbeit. Manchen Leuten gefällt es, sich in eine Figur zu vertiefen, aber mir macht vor allem Spaß, einen Film auf die Beine zu stellen, die Erzählbögen zu durchdenken. Sogar die Auswahl von Kameraobjektiven, die Einstellungen einer bestimmten Szene – all das, was Regisseure in Fahrt bringt, fasziniert mich.«

In der *Washington Post* sagte er zu diesem Thema: »Ich liebe den Prozess des Filmemachens, und bei meinen letzten Filmen konnte ich auch als Executive Producer mitwirken. Das erlaubt mir, ein Teil des ganzen Prozesses zu sein, von der Pre- und Postproduction bis zum Marketing, einfach das ganze Paket. Ich liebe es einfach, einen Film auf die Beine zu stellen. Mir geht es nicht nur um meine Rolle, sondern eher um die Umsetzung, wie alles durch die Kameralinse aussieht. Ich hoffe also, dass ich irgendwann die Möglichkeit dazu haben werde.«

Was das Private betrifft, so scheint Cooper mit Suki Waterhouse endlich die richtige Frau an seiner Seite gefunden zu haben.

Im Februar 2015 meldeten die Klatschmedien, dass er und Suki sich in London eine gemeinsame Wohnung nehmen wollten. Ob er sich vorstellen könne, nun eine Familie zu gründen? »Natürlich. Ich würde mich freuen, dies in meinem Leben erleben zu dürfen. Bei meinem eigenen Dad habe ich gesehen, wie viel Freude das Vatersein bringt. Also hoffe ich, dass es auch Teil meines Weges sein wird. Im Leben macht man verschiedene Phasen durch, und die Vaterschaft gehört natürlich dazu.«

In seiner bisherigen Karriere hat Bradley Cooper sich selbst sehr viel Druck gemacht, um dorthin zu kommen, wo er heute ist – ganz klar ein Einfluss seiner irischen Wurzeln. Auf die Frage, ob er nach all den Erfolgen weiterhin bereit sei, auf diesem hohen Niveau zu arbeiten, oder ob er mittlerweile nicht genug erreicht habe, sagte er: »Das Ziel ist nicht der Erfolg, sondern als Mensch zu wachsen. Deshalb lautet meine Antwort: Nein, ich glaube nicht, dass ich jemals genug haben werde.«

Was die italienische Seite in ihm angeht, so war Bradley Cooper schon immer ein Genussmensch mit der Neigung, die kleinen Dinge des Lebens zu schätzen. Auf die Frage, was er denn als Nächstes vorhabe, sagte er: »Ganz einfach: präsent zu sein. Im Moment zu leben. Das ist wunderbar. Dann habe ich wirklich das Gefühl, mein Leben zu erleben.«

FILMOGRAFIE

- *Sex And The City*, Fernsehserie (1998–2004), Folge 2.04: *Nur Singles gibt man den Gnadenschuss* (1999)
- *Wall to Wall Records*, Fernsehfilm (2000), Regie: Josh Brand
- *The $treet – Wer bietet mehr?*, Fernsehserie, 2000–2001
- *Wet Hot American Summer* (2001), Regie: David Wain
- *Alias – Die Agentin*, Fernsehserie (2001–2006, Cooper war von 2001 bis 2003 Mitglied des Ensembles und kehrte 2006 für eine Folge zurück)
- *Spurwechsel* (2002), Regie: Roger Michell (Coopers Part wurde herausgeschnitten und ist nur in den Deleted Scenes der DVD-Fassung zu sehen)
- *Unsichtbare Augen* (2002, Originaltitel: *My Little Eye*), Regie: Marc Evans
- *Bending All the Rules* (2002), Regie: Morgan Klein & Peter Knight
- *STELLA Shorts 1998–2002* (2002, DVD-Veröffentlichung), Regie: Michael Ian Black, Michael Showalter & David Wain
- *The Last Cowboy*, Fernsehfilm (2003), Regie: Joyce Chopra
- *Miss Match*, Fernsehserie (2003), Folge 1.05: *I Got You Babe*
- *Touching Evil*, Fernsehserie (2004– Cooper war in sechs Folgen der Serie zu sehen)
- *I Want To Marry Ryan Banks*, Fernsehfilm (2004), Regie: Sheldon Larry
- *Jack & Bobby*, Fernsehserie (2004–2005, Cooper war in 14 Folgen der Serie zu sehen)
- *Die Hochzeits-Crasher* (2005), Regie: David Dobkin
- Law & Order: New York, Fernsehserie (OT: *Law & Order: Special Victims Unit*, seit 1999), Folge 6.20: *Familienehre* (2005)
- *Law & Order: Trial By Jury*, Fernsehserie (2004–2005), Folge 1.11: *Day* (2005)
- *Kitchen Konfidential*, Fernsehserie (von 2005–2006)
- *Zum Ausziehen verführt*, 2006, Regie: Tom Dey
- *Nip/Tuck – Schönheit hat ihren Preis*, Fernsehserie (2007–2009, Cooper tauchte 2007 in sechs Episoden der Serie auf)
- *The Comebacks* (2007), Regie: Tom Brady
- *American Evil* (2008, OT: *Older Than America*), Regie: Georgina Lightning
- *The Rocker – Voll der (S)Hit* (2008), Regie: Peter Cattaneo
- *The Midnight Meat Train* (2008), Regie: Ryuhei Kitamura
- *Bang Blow & Stroke*, Kurzfilm (2008), Regie: Brian Spitz
- *Der Ja-Sager* (2008, OT: *Yes Man*), Regie: Peyton Reed
- *New York, I Love You* (2008) Regie: Fatih Akin, Natalie Portman u. a.
- *Er steht einfach nicht auf dich* (2008, OT: *He's Just Not That Into You*), Regie: Ken Kwapis
- *Verrückt nach Steve* (2009, OT: *All About Steve*), Regie: Phil Traill
- *Fall 39* (2009, OT: *Case 39*), Regie: Christian Alvart
- *Hangover* (2009, OT: *The Hangover*, Regie: Todd Phillips)
- *Valentinstag* (2010, OT: *Valentine's Day*), Regie: Garry Marshall
- *Das A-Team – Der Film* (2010, OT: *The A-Team*), Regie: Joe Carnahan
- *Ohne Limit* (2010, OT: *Limitless*), Regie: Neil Burger
- *Kaylien*, Kurzfilm (2011), Regie: Zoë Saldaña
- *Hangover 2* (2011, OT: *The Hangover Part II*), Regie: Todd Phillips
- *Der Dieb der Worte* (2012, OT: *The Words*), Regie: Brian Klugman & Lee Sternthal
- *Hit and Run* (2012), Regie: Dax Shepard & David Palmer
- *Silver Linings* (2012, OT: *Silver Linings Playback*), Regie: David O. Russell, Oscarnominierung für Bradley Cooper
- *The Place Beyond the Pines* (2012), Regie: Derek Cianfrance
- *Hangover 3* (2013, OT: The Hangover Part III), Regie: Todd Phillips

- *Making a Scene*, Kurzfilm (2013), Regie: Janusz Kaminski
- *American Hustle* (2013), Regie: David O. Russell, Oscarnominierung für Bradley Cooper
- *Guardians of the Galaxy* (2013), Regie: James Gunn
- *Serena* (2014), Regie: Susanne Bier
- *American Sniper* (2014), Regie: Clint Eastwood, Oscarnominierung für Bradley Cooper
- *Aloha* (2015), Regie: Cameron Crowe
- *Adam Jones* (2015), Regie: John Watts
- *Wet Hot American Summer: First Day of Camp*, Fernsehserie (2015)
- *Joy* (2015), Regie: David O. Russell

QUELLEN

Für die Recherche dieses Buches hat der Autor unter anderem auf die folgende Quellen zurückgegriffen.

- abc7.com
- accesshollywood.com
- boston.com
- boxofficemojo.com
- bradleycoopersource.net
- bradley-cooper.org
- CateringInsight.com
- cbsnews.com
- cbspressexpress.com
- cinemablend.com
- contactmusic.com
- dailymail.co.uk
- deadline.com
- details.com
- dispatch.com
- eonline.com
- esquire.com
- etonline.com
- ew.com
- faz.net
- gq.com
- gq-magazine.co.uk
- hemispheresmagazine.com
- hollywood.com
- hollywoodreporter.com
- imdb.com
- interviewmagazine.com
- latimes.com
- mcall.com
- mirror.co.uk
- movieweb.com
- msn.com
- mtv.com
- nbcphiladelphia.com
- nbcconnecticut.com
- niagarafallsreview.ca
- nytimes.com
- okmagazine.com
- pbs.org
- people.com
- philly.com
- phillymag.com
- phillyrecord.com
- postmagazine.com
- rogerebert.com
- rottentomatoes.com
- shavemagazine.com
- shortlist.com
- smh.com.au
- spiegel.de
- telegraph.co.uk
- thecinemasource.com
- theguardian.com
- tribute.ca
- tvspielfilm.de
- tz.de
- usmagazine.com
- vanityfair.com
- washingtonpost.com
- whatculture.com
- wikipedia.org
- wmagazine.com
- wsj.com
- yahoo.com
- youtube.com.

Thorsten Wortmann
BRADLEY COOPER
Die illustrierte Biografie

ISBN 978-3-86265-473-4

KATALOG
Wir senden Ihnen gern kostenlos unseren Katalog.
Schwarzkopf & Schwarzkopf Verlag GmbH
Kastanienallee 32, 10435 Berlin
Telefon: 030 – 44 33 63 00
Fax: 030 – 44 33 63 044

INTERNET | E-MAIL
www.schwarzkopf-schwarzkopf.de
info@schwarzkopf-schwarzkopf.de